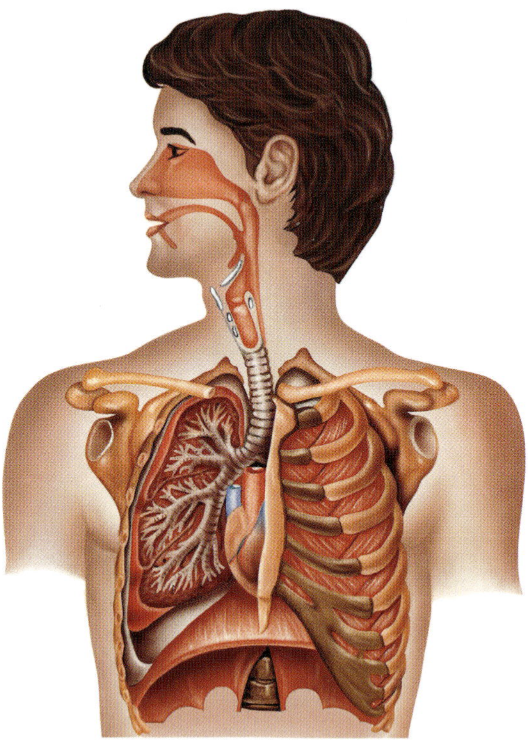

FRAG MICH WAS

Andreas Piel

Mein Körper

Illustriert vom Autor

Loewe

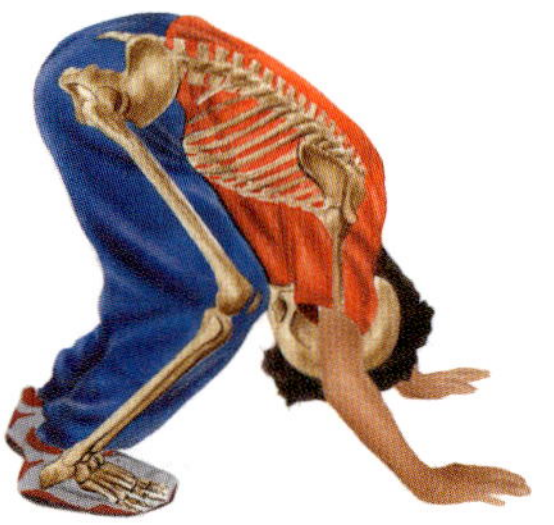

FSC

Mix

Produktgruppe aus vorbildlich bewirtschafteten Wäldern, kontrollierten Herkünften und Recyclingholz oder -fasern

Zert.-Nr. SGS-COC-2939
www.fsc.org
© 1996 Forest Stewardship Council

ISBN 978-3-7855-5205-6
Überarbeitete Neuausgabe
2. Auflage 2009

Umschlagillustration: Jutta Knipping
Printed in Italy (011)

www.loewe-verlag.de

Inhalt

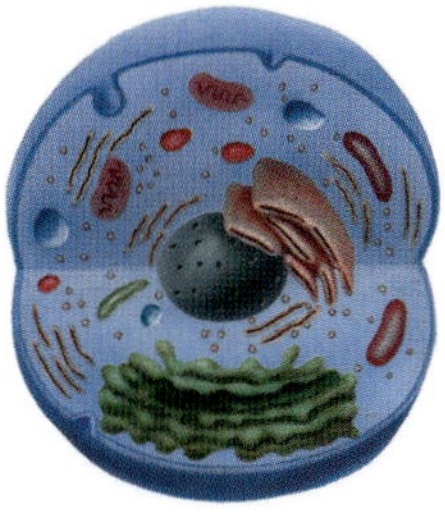

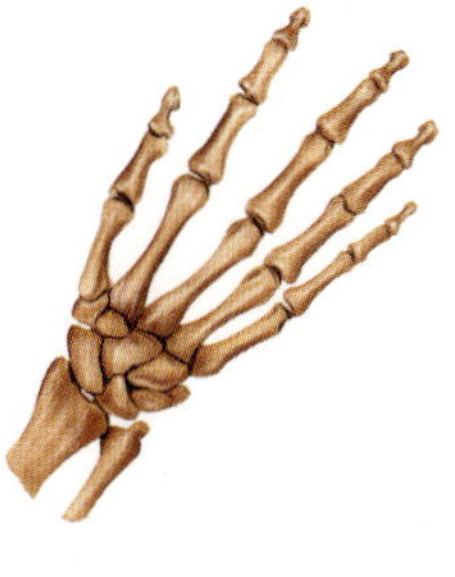

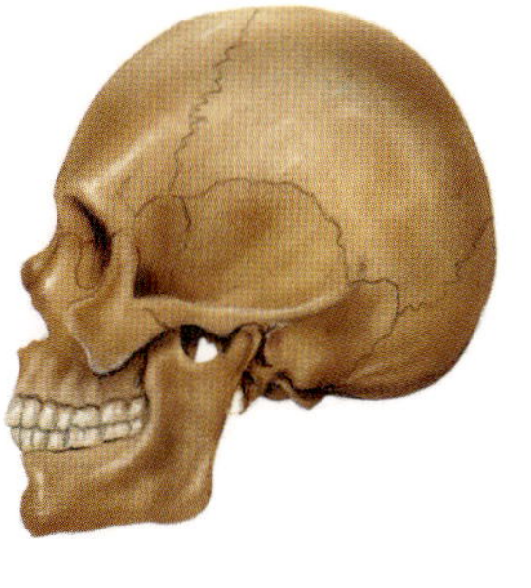

Sehen alle Menschen gleich aus?

Es gibt mehr als sechs Milliarden Menschen auf der Erde: männliche und weibliche, alte und junge, dicke und dünne, große und kleine. Sie unterscheiden sich auch durch die Farbe ihrer Haut, ihrer Augen und ihrer Haare. Und obwohl sich manche Menschen sehr ähnlich sind, gibt es keine zwei, die ganz genau gleich aussehen. Dennoch ist der Aufbau des menschlichen Körpers und seine Funktionsweise bei allen Menschen gleich.

Kinder erben manches vom Aussehen ihrer Eltern und ähneln ihnen daher in bestimmten Merkmalen.

Menschen unterscheiden sich nach ihrem Geschlecht, das entweder männlich oder weiblich ist. Das Geschlechtsteil der Jungen heißt Penis, das der Mädchen Vagina. Während des Wachstums verändert der Körper langsam sein Aussehen: Die männliche oder die weibliche Körperform entwickelt sich.

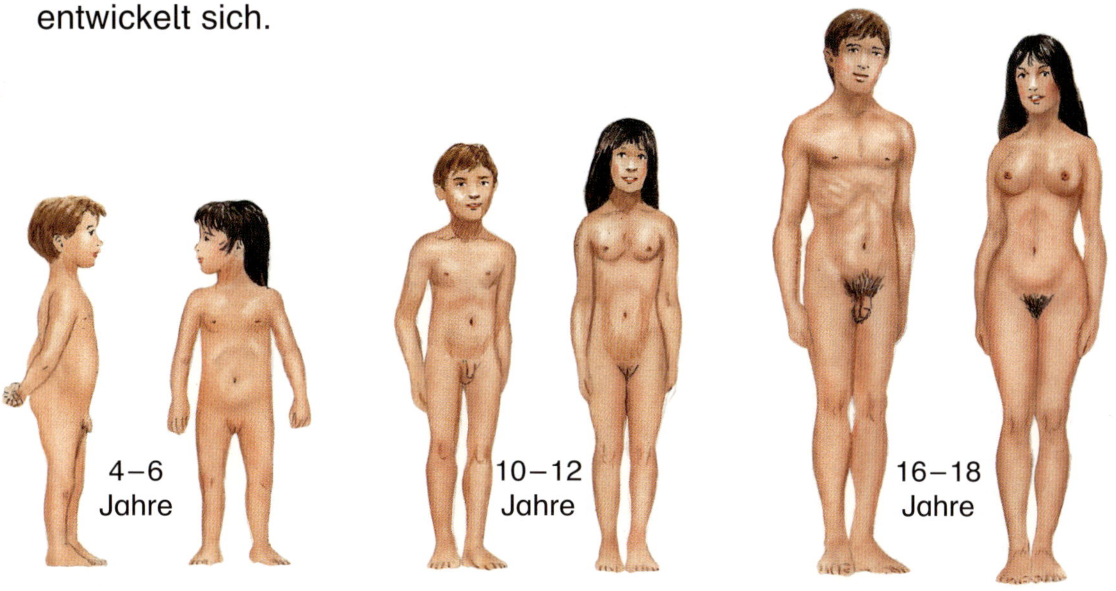

Man erkennt einen Menschen auch an den Linienmustern auf seinen Fingerspitzen. Die Rillen in der Oberhaut der Fingerkuppen sind nämlich bei jedem Menschen anders und unterscheiden ihn eindeutig von allen anderen. Sie bleiben ein Leben lang unverändert.

Es gibt drei Grundmuster für die Form der Fingerkuppenrillen:

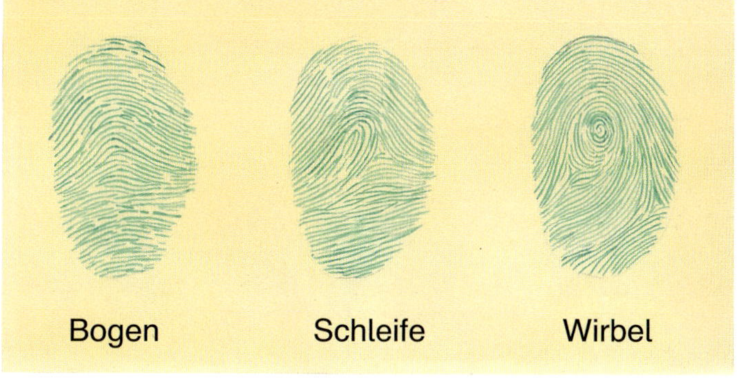

Um den Täter zu ermitteln, nimmt die Polizei von Verdächtigen Fingerabdrücke und vergleicht sie mit denen vom Tatort.

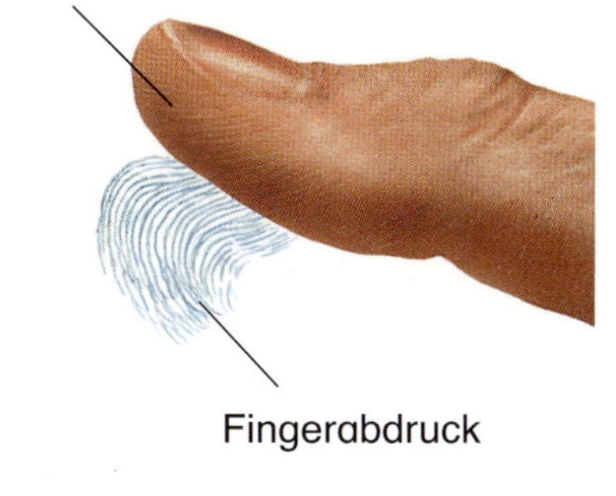

Wie ist der Körper aufgebaut?

Der menschliche Körper gleicht einer komplizierten Maschine. Er besteht aus vielen Milliarden Zellen unterschiedlicher Art. Zellen mit gleicher Aufgabe bilden ein Gewebe. Verschiedene Gewebearten verbinden sich zu Organen, die Systeme bilden wie etwa den Blutkreislauf. Alle Systeme zusammen bilden den Organismus.

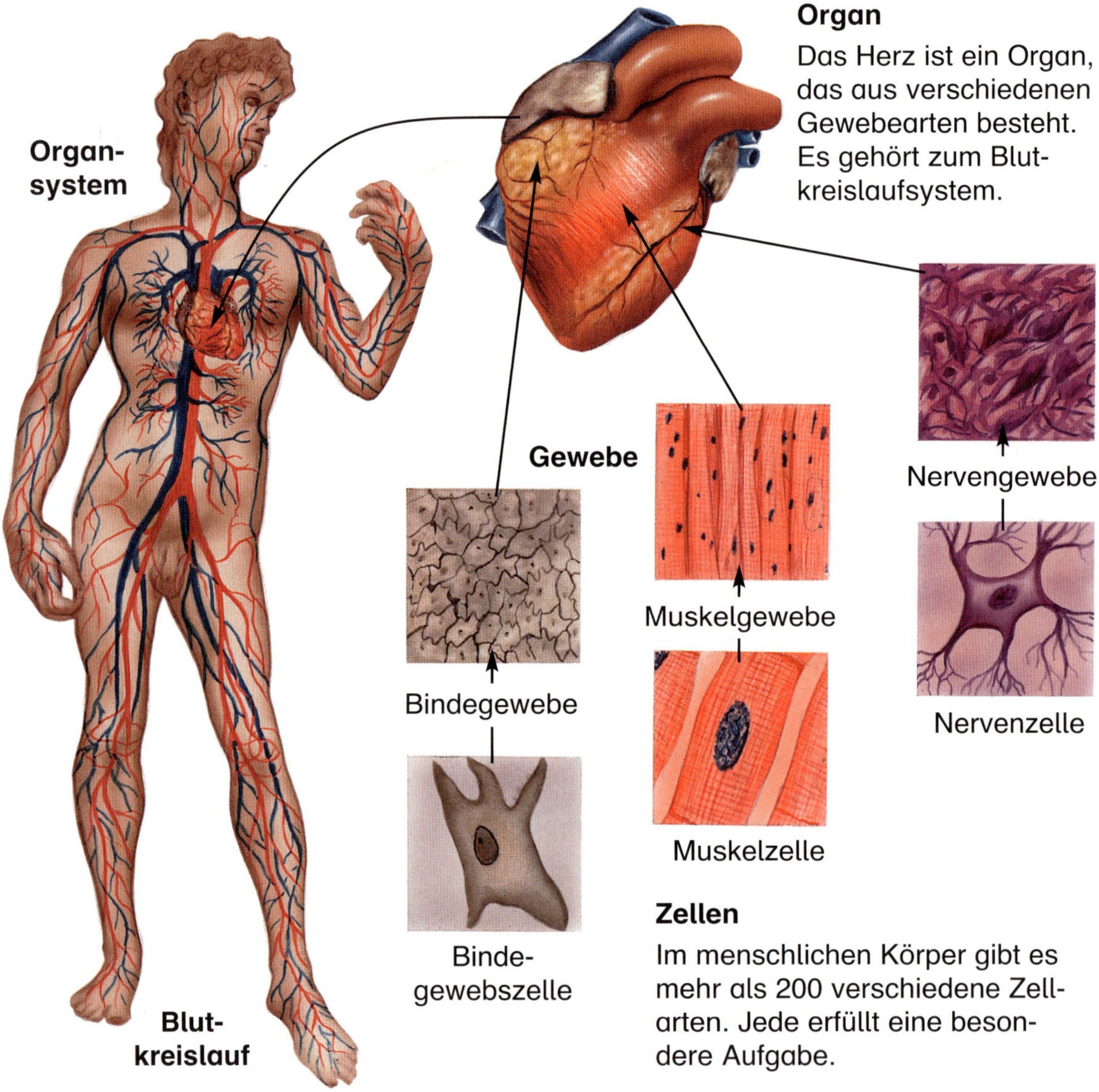

Organ

Das Herz ist ein Organ, das aus verschiedenen Gewebearten besteht. Es gehört zum Blutkreislaufsystem.

Zellen

Im menschlichen Körper gibt es mehr als 200 verschiedene Zellarten. Jede erfüllt eine besondere Aufgabe.

Die Zellen sind die kleinsten Bausteine des Körpers. Die meisten sind winzig klein: Man kann sie nur durch das Mikroskop sehen. Ihr Durchmesser beträgt etwa 0,02 Millimeter. Wir wachsen, indem sich die Körperzellen durch Teilung vermehren. Jede Zelle enthält so genannte Organellen. Sie erhalten die Zelle am Leben.

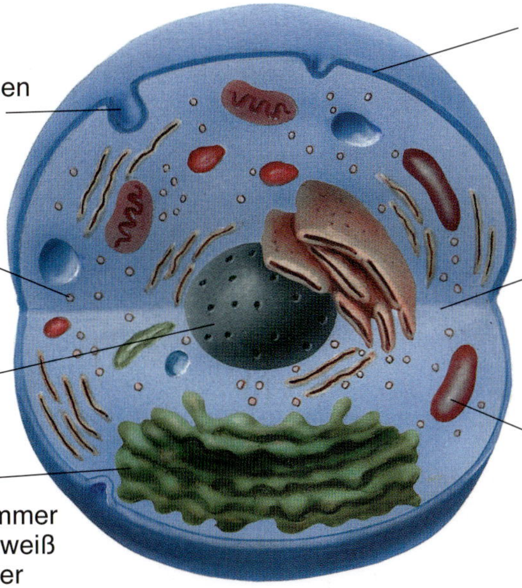

Poren
Das sind Einbuchtungen in der Zellmembran.

Ribosomen
Hier werden Eiweiße produziert.

Zellkern
Er steuert die Vorgänge in der Zelle.

Golgi-Körper
Das ist die Vorratskammer der Zelle. Hier wird Eiweiß gelagert, bis der Körper es benötigt.

Zellmembran
Die Zellhaut umgibt die Zelle und hält sie zusammen. Für manche Stoffe ist sie durchlässig.

Zytoplasma
Das ist die flüssige Masse, die die ganze Zelle ausfüllt. Sie besteht vor allem aus Wasser und Eiweiß.

Mitochondrien
Das sind die Kraftwerke der Zelle. Hier wird Energie erzeugt.

In jeder Sekunde gehen Millionen von Zellen zu Grunde. Durch Teilung entstandene Zellen ersetzen die abgestorbenen. Hautzellen leben etwa eine Woche, rote Blutkörperchen ungefähr vier Wochen. Knochenzellen können zwischen 10 und 30 Jahre alt werden.

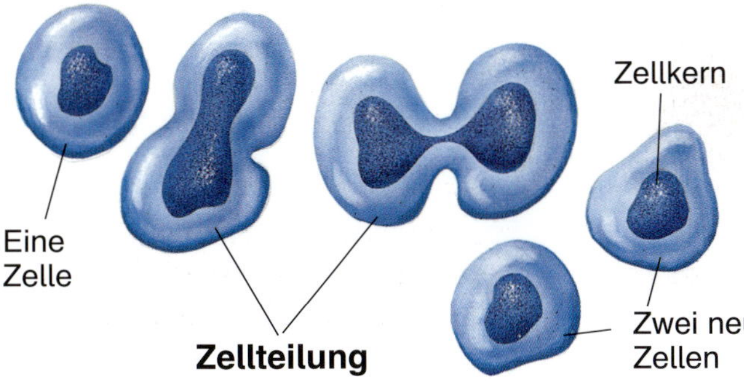

Der Zellkern

Vom Zellkern aus wird die gesamte Tätigkeit der Zelle gesteuert: zum Beispiel die Nährstoff- und Sauerstoffverwertung, die Abfallbeseitigung durch das Zellplasma und die Aufgaben der Organellen. Im Inneren des Zellkerns befinden sich außerdem Chromosomen und Gene. Sie enthalten alle Anweisungen und Erbinformationen für den Körper.

Welche Aufgaben hat das Skelett?

Das Knochengerüst unseres Körpers nennt man Skelett. Es stützt den Körper und schützt die Weichteile und inneren Organe. So umschließt der Schädel das Gehirn, und der Brustkorb schützt Herz und Lunge. Knochen bestehen aus einer harten, kalksteinähnlichen Mischung von Salzen.

Skelett

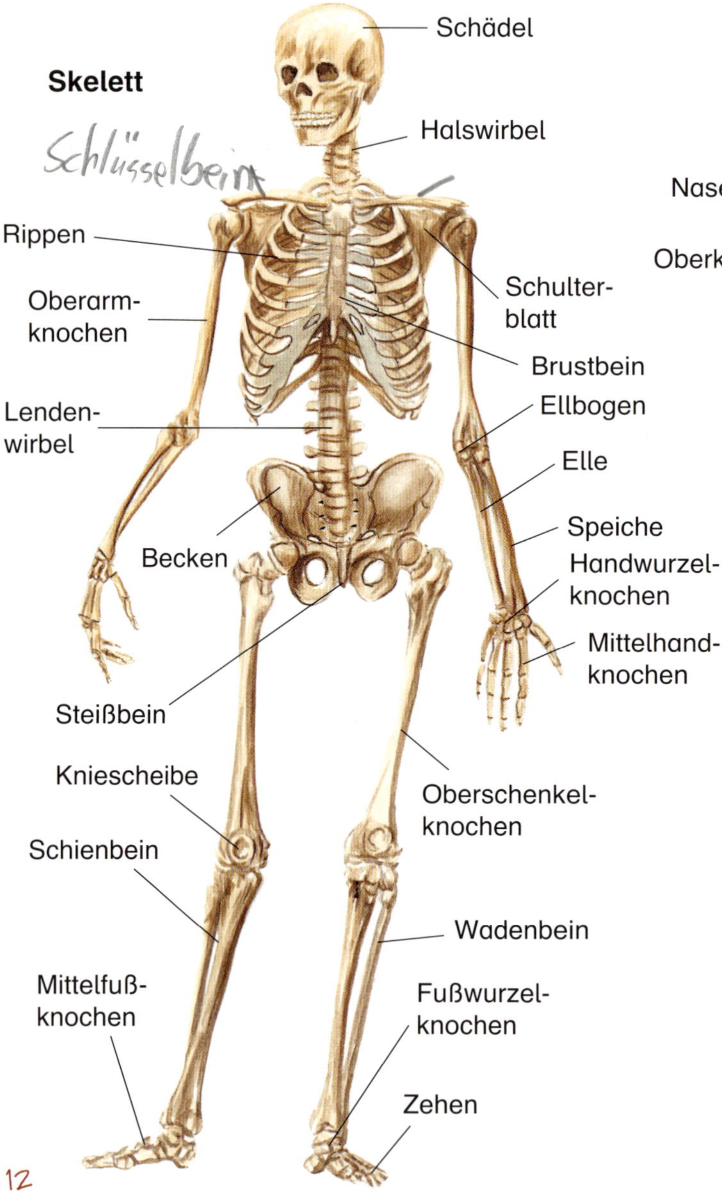

Schädel

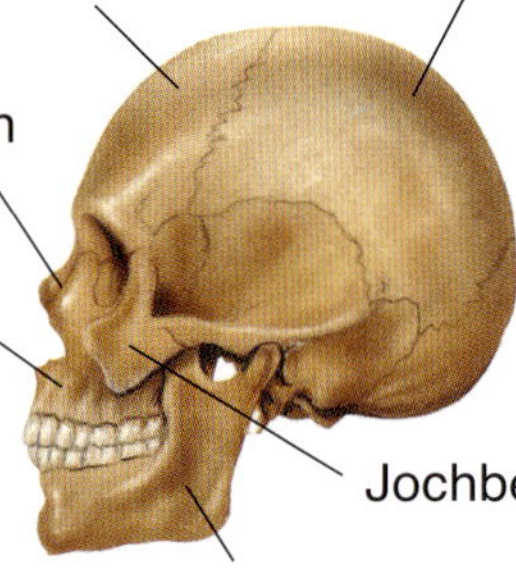

Die Wirbelsäule lässt sich nur leicht biegen. In ihr befindet sich das Rückenmark. Das ist die Nervenverbindung zwischen dem Gehirn und dem übrigen Körper.

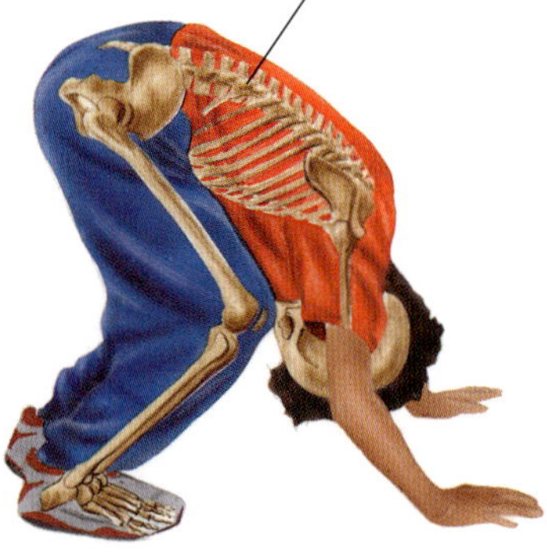

- Säuglinge haben über 300 einzelne Knochen. Einige davon wachsen später teilweise zusammen. Das Skelett eines Erwachsenen besteht in der Regel aus 206 Knochen. Der längste Knochen des Körpers ist der Oberschenkelknochen.

Lendenwirbelsäule

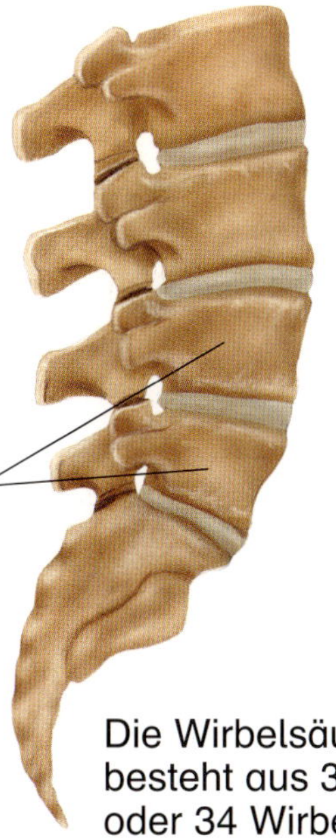

Die Wirbelsäule besteht aus 33 oder 34 Wirbeln, die nach Körperregionen benannt werden.

Eine Hand besteht aus 27 kleinen Knochen.

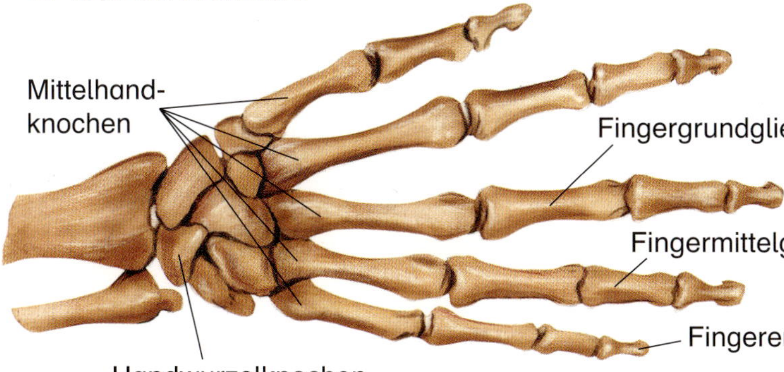

- Ein Knochen besteht aus mehreren Schichten. Unter der Knochenhaut liegt das kompakte Knochengewebe, das für die Festigkeit des Knochens sorgt. Es umschließt ein Fettgewebe, das gelbe Knochenmark. Manche Knochen besitzen auch ein schwammartiges Gewebe, dessen viele kleine Hohlräume mit rotem Knochenmark gefüllt sind. Es bildet die Blutzellen.

Der Oberschenkelknochen wird bei einem Mann etwa 46 Zentimeter lang.

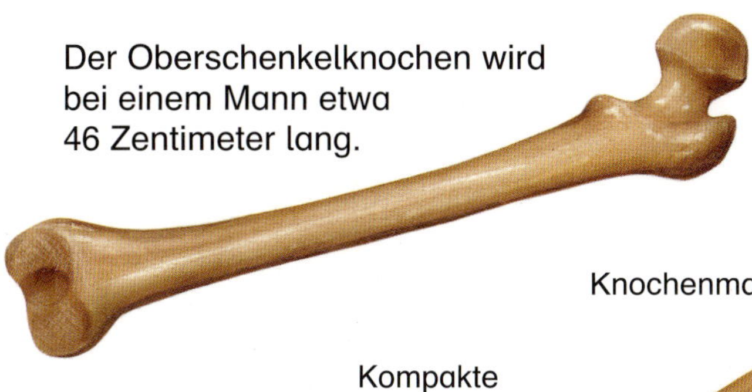

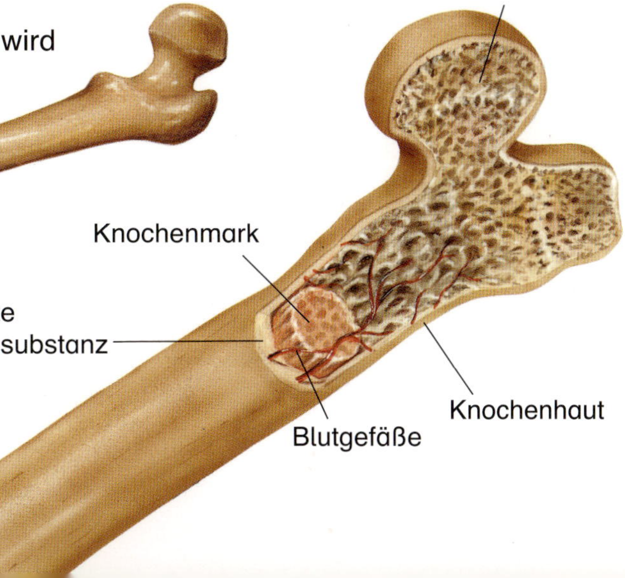

Was sind Gelenke?

Die meisten Knochen sind durch Gelenke verbunden und können daher bewegt werden. Gelenke bestehen aus benachbarten Knochenenden, die von einer glatten Knorpelschicht überzogen sind. In der Gelenkkapsel befindet sich eine Flüssigkeit, die die Gelenkflächen gleitfähig macht. Bänder halten die Gelenke zusammen.

Hüftgelenk
(Kugelgelenk)

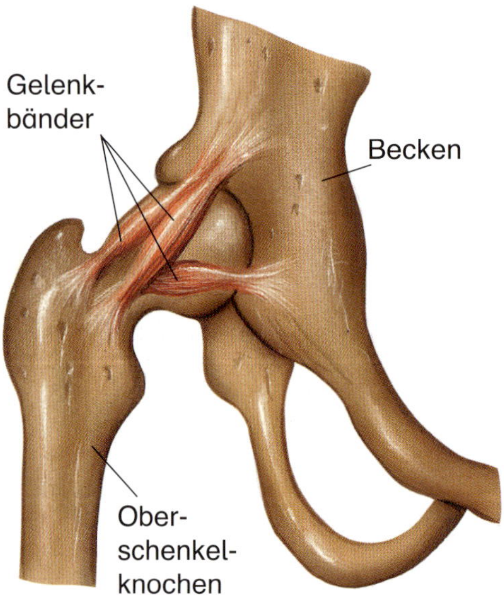

Kniegelenk
(Scharniergelenk)

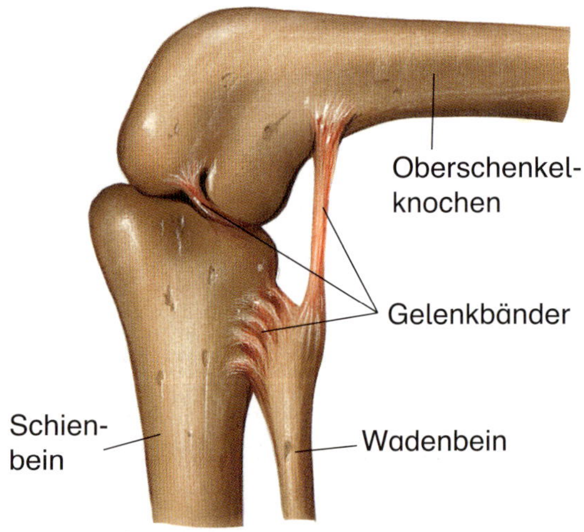

Aufschnitt durch das Kniegelenk

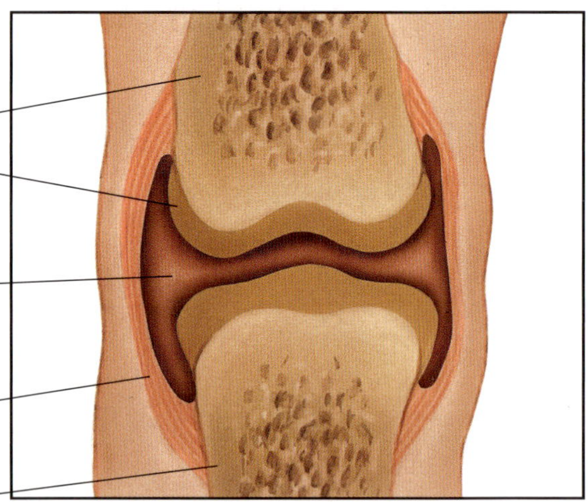

Es gibt verschiedene Gelenkarten. Sie sind im Grunde aber immer nur Abwandlungen von zwei Grundformen: dem Kugelgelenk und dem Scharniergelenk. Die Gelenkart legt fest, welche Bewegung man ausführen kann.

Drehgelenk
(Halswirbel)
Bewegung um eine Drehachse

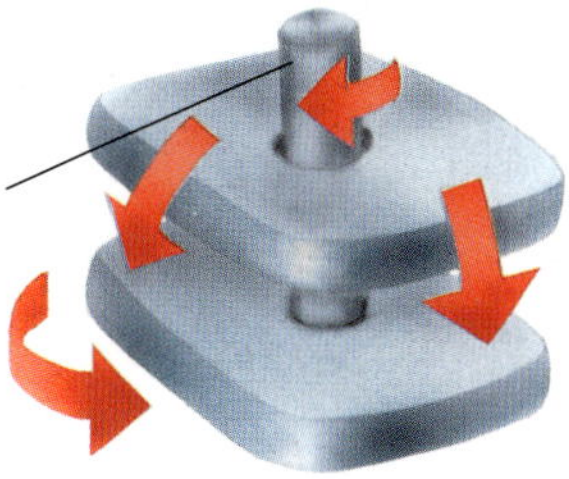

Sattelgelenk
(Daumen)
Bewegung in zwei Richtungen

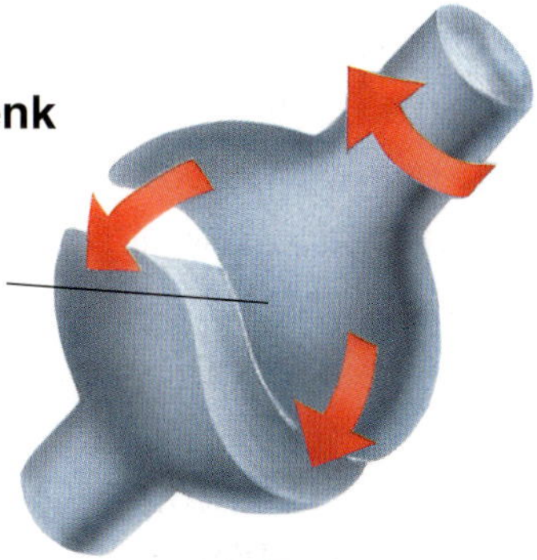

Scharniergelenk
(Ellbogen)
Bewegung in eine Richtung

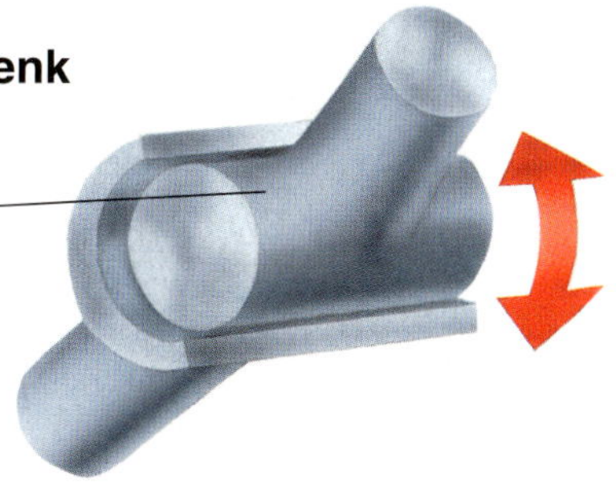

Kugelgelenk
(Hüfte)
Bewegung in fast alle Richtungen

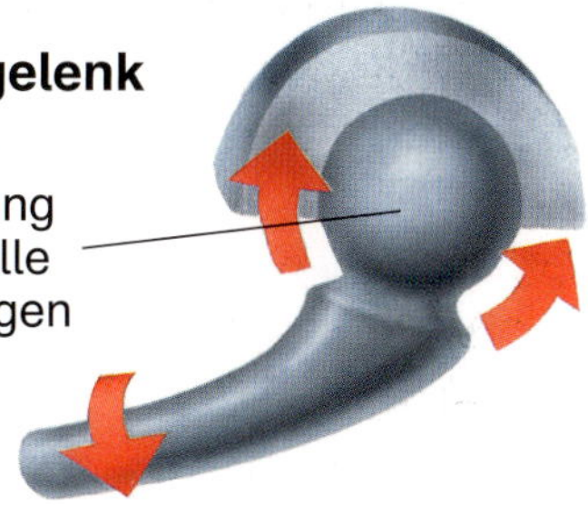

Wenn man einen Körperteil durch eine starke Dehnung der Bänder überbelastet, entsteht eine Verstauchung. Am häufigsten geschieht das an den Hand- oder Fußgelenken.

Wenn man sich vor dem Sport nicht genügend aufwärmt, besteht die Gefahr, dass Bänder und Sehnen sich zu stark dehnen oder sogar reißen können.

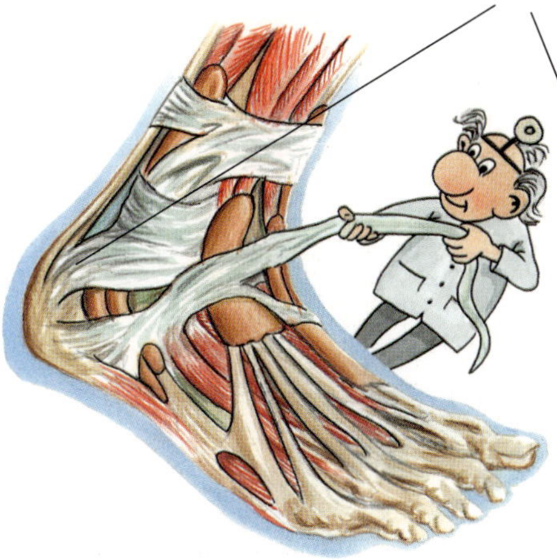

Wofür haben wir Muskeln?

Unser Körper hat über 600 Muskeln. Alle unsere Bewegungen, selbst ein Augenblinzeln, werden von Muskeln ausgeführt. Auch die Bewegungen im Inneren des Körpers wie Herzschlag oder Darmtätigkeit finden mit Hilfe der Muskeln statt. Die Muskeln machen fast die Hälfte unseres Körpergewichts aus.

Kopfmuskulatur
Kurze Muskeln fürs Sprechen, Mienenspiel und Kauen

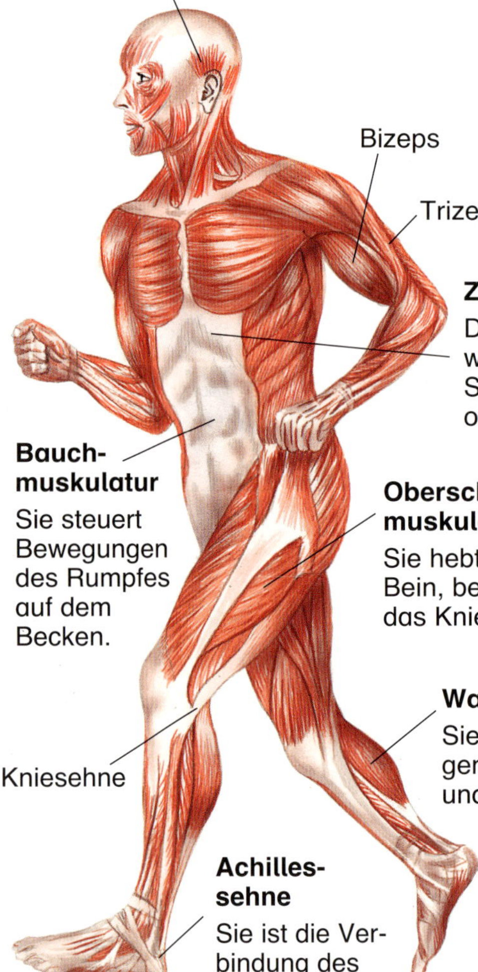

Zwerchfell
Diese Muskulatur ist wichtig für Atmung, Sprechen, Husten oder Lachen.

Bauchmuskulatur
Sie steuert Bewegungen des Rumpfes auf dem Becken.

Oberschenkelmuskulatur
Sie hebt und senkt das Bein, beugt und streckt das Kniegelenk.

Wadenmuskulatur
Sie ist für die Bewegungen von Knöcheln, Fuß und Zehen zuständig.

Achillessehne
Sie ist die Verbindung des Wadenmuskels zur Ferse und hebt diese beim Gehen.

Aufbau eines Muskels

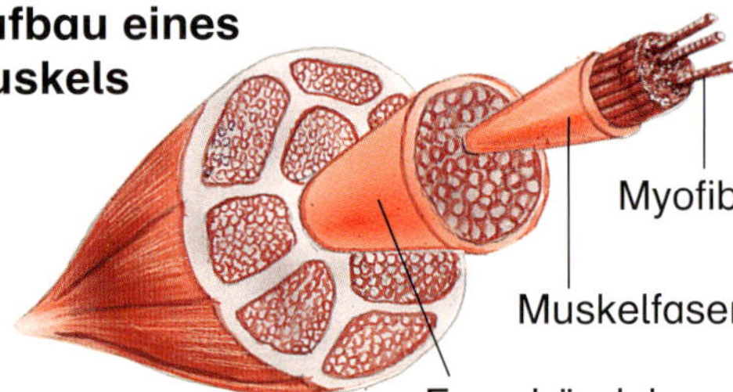

Eingeweidemuskeln, wie die an den Wänden des Magens, sind vom Willen unabhängig und funktionieren automatisch. Man nennt sie „unwillkürliche Muskeln".

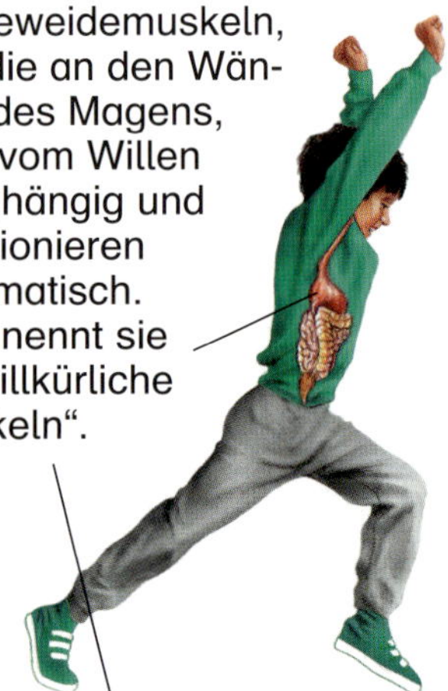

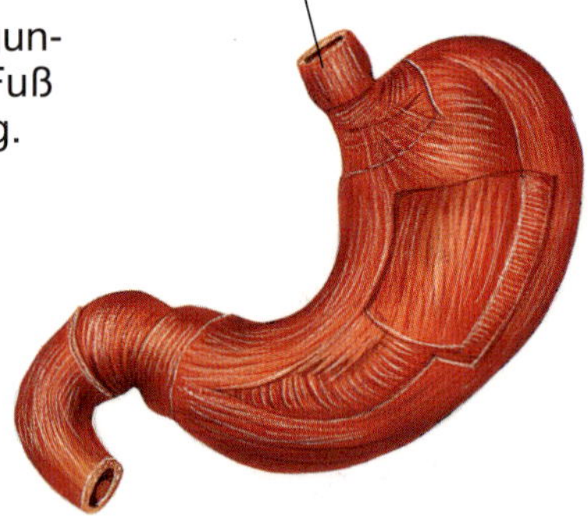

Skelettmuskeln sind mit Sehnen an den Knochen befestigt. Eine Sehne ist ein kurzer zäher Strang und besteht aus dem gleichen Gewebe wie die Gelenkbänder. Muskeln und Sehnen haben eine Hülle aus Bindegewebe, die mit der Knochenhaut verwachsen ist.

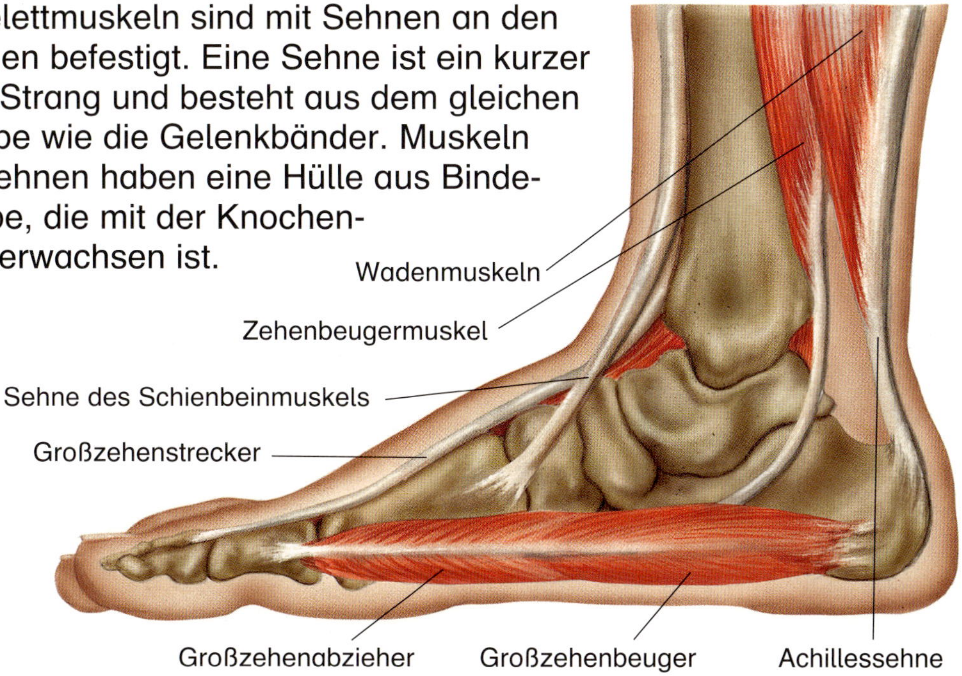

Die meisten Muskeln werden vom Gehirn aus über die Nerven gesteuert: Sobald die Muskelfasern vom Nerv ein Signal bekommen, ziehen sie sich zusammen. Wenn man zum Beispiel seinen Arm beugt, zieht sich der Beugemuskel (Bizeps) zusammen, und der gegenüberliegende Muskel (Trizeps) entspannt sich.

Beim Beugen und Strecken des Arms arbeiten zwei Muskeln zusammen. Deshalb nennt man sie auch Gegenspieler.

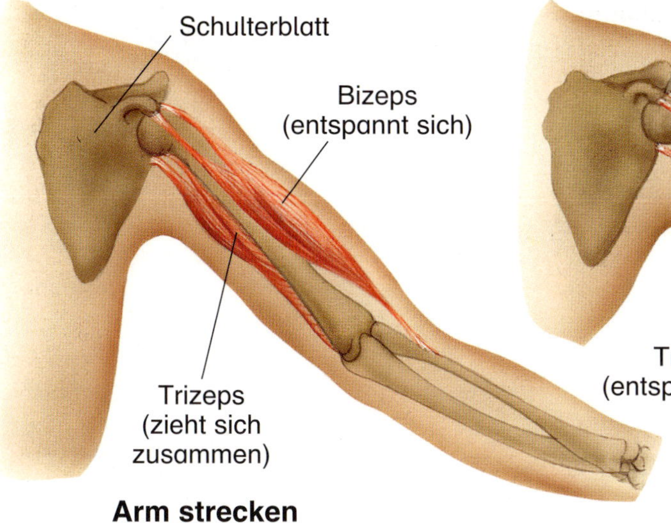

Arm strecken

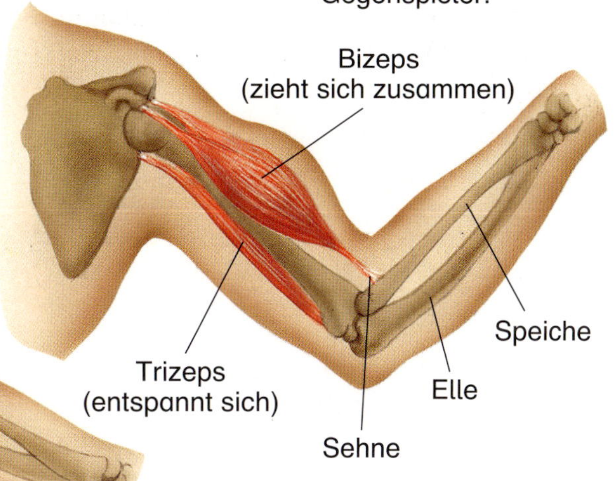

Arm beugen

Welche Aufgaben haben die Nerven?

Die Nerven ziehen sich durch den ganzen Körper und bilden ein weit verzweigtes Nachrichtensystem. Wie in einem Telefonnetz sausen elektrische Signale zwischen dem Gehirn und den übrigen Körperteilen hin und her und geben Informationen weiter. Das ermöglicht uns, mit unseren Sinnesorganen die Umwelt wahrzunehmen und darauf zu reagieren.

Gehirn

Das Gehirn ist das wichtigste Organ und die Schaltstelle des Körpers. Bestimmte Bereiche sind für bestimmte Funktionen zuständig.

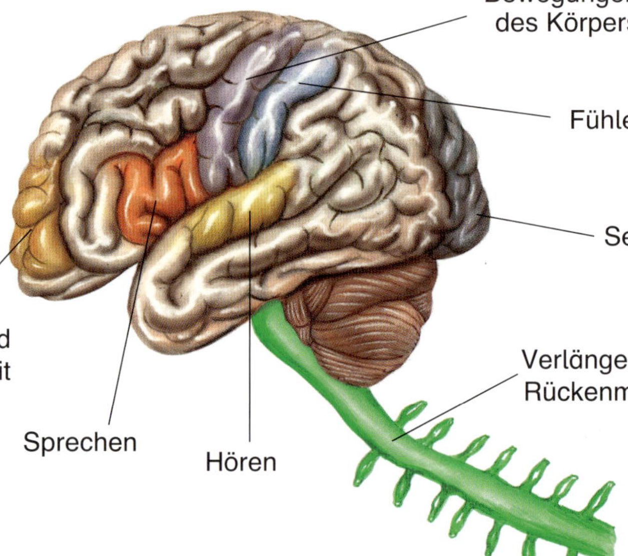

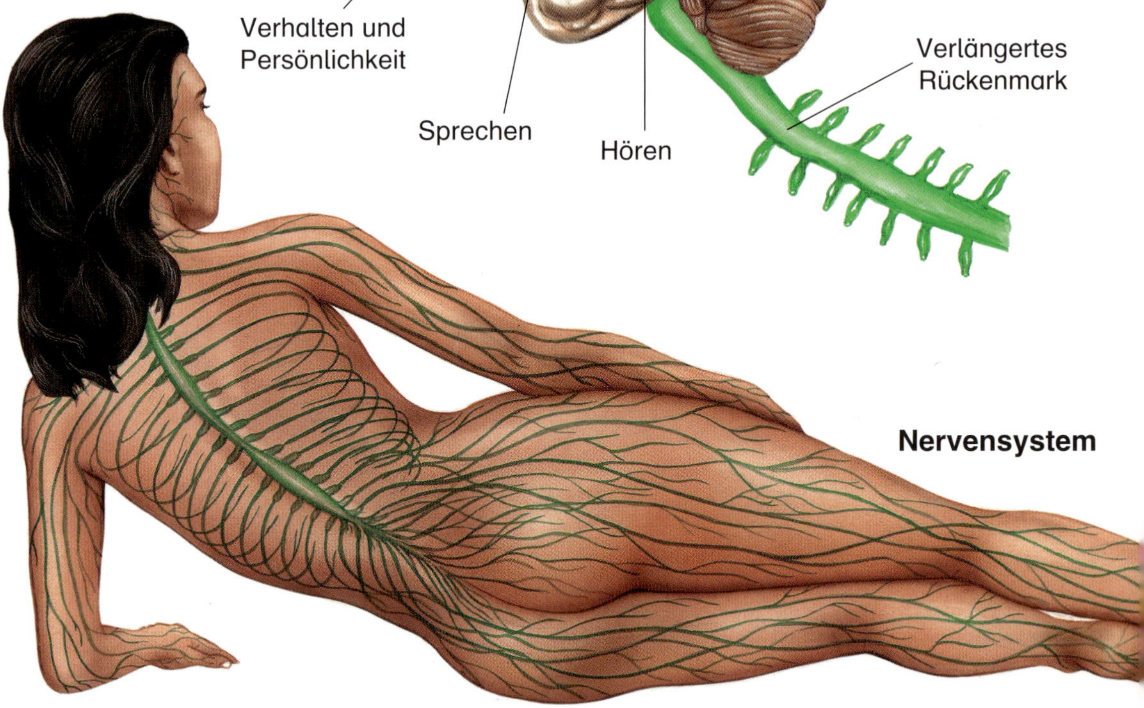

Nervensystem

Wenn man mit den Fingern beispielsweise einen kalten Gegenstand ertastet, geben die Nerven diese Nachricht durch den Arm an das Rückenmark weiter. Von dort aus geht sie weiter zum Gehirn. Das Gehirn entschlüsselt die Nachricht und gibt den Armmuskeln den Befehl, die Hand zurückzuziehen.

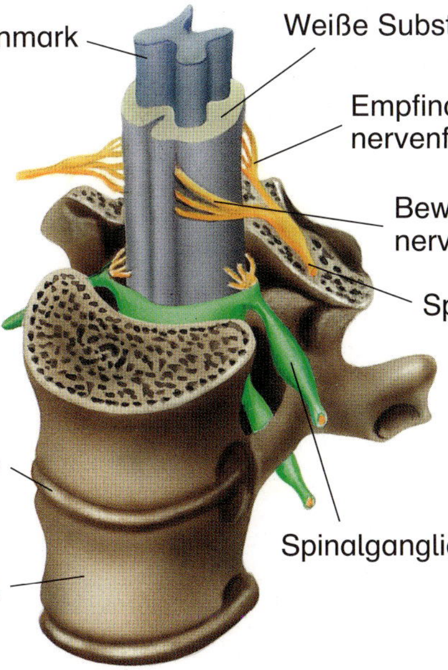

Nervenzelle

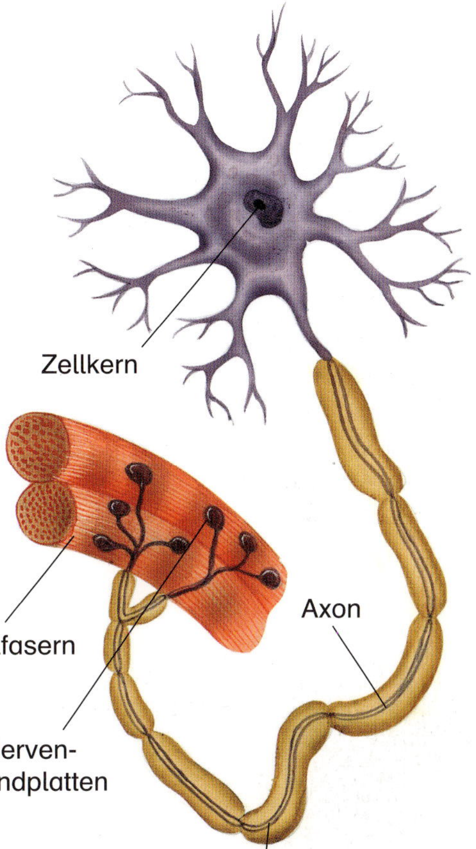

Mit Geschwindigkeiten von bis zu 400 Stundenkilometern werden Nachrichten durch die Nervenbahnen transportiert.

Rückenmark

Das Rückenmark befindet sich in der Wirbelsäule. Es ist die Umschaltstelle für Nerven, die Empfindungen übermitteln und Befehle weiterleiten.

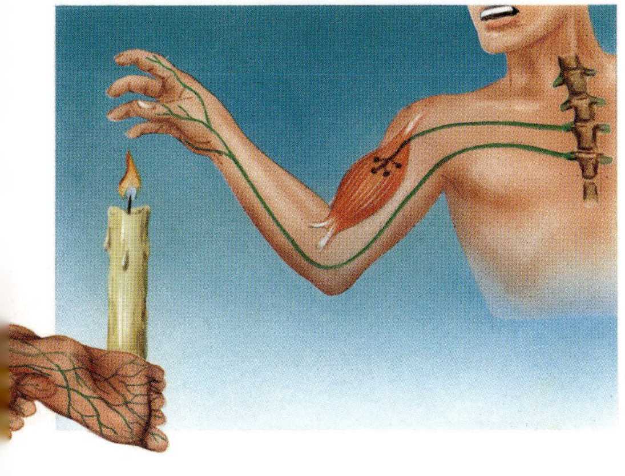

Reflexbewegung

Wenn die Hand der Flamme zu nahe kommt, ziehen wir sie automatisch zurück. Der Befehl hierzu kommt nicht vom Gehirn, sondern direkt vom Rückenmark.

Warum fließt Blut durch den Körper?

Das Blut ist das Transportsystem des Körpers. So bringt es etwa Sauerstoff und Nährstoffe zu den Zellen. Sauerstoff wird in der Lunge aufgenommen und von den roten Blutkörperchen weiter transportiert. Das Blut befördert aber auch Abfallprodukte von den Zellen weg und bringt sie zu Organen, von denen sie ausgeschieden werden.

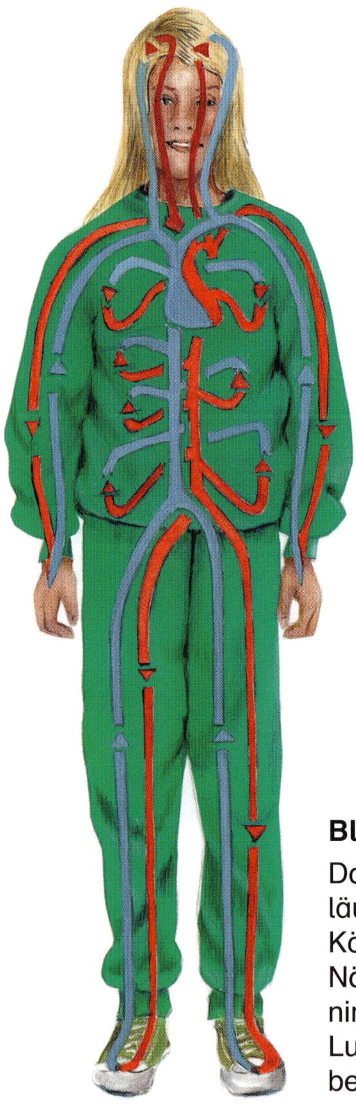

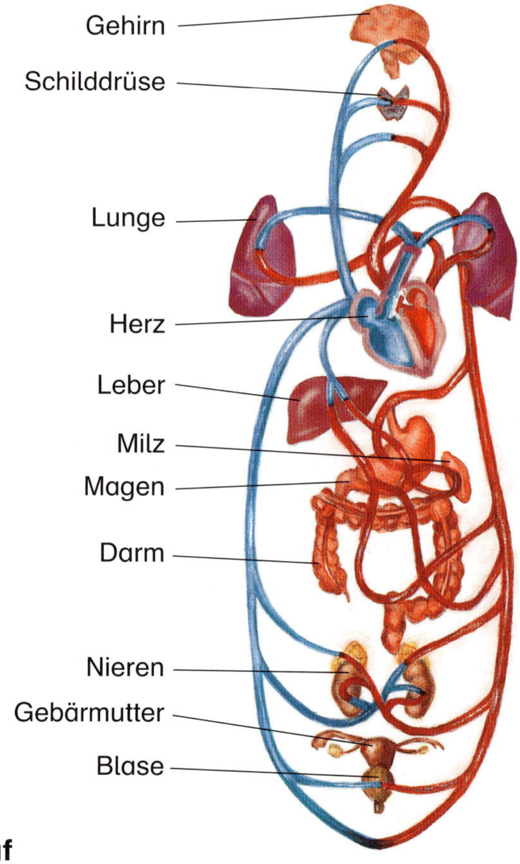

Blutkreislauf

Das Herz pumpt unaufhörlich Blut durch zwei Kreisläufe, die miteinander verbunden sind. Im großen Körperkreislauf transportiert das Blut Sauerstoff und Nährstoffe über das Herz in alle Teile des Körpers und nimmt auf seinem Weg Abfallprodukte mit. Der kleine Lungenkreislauf dient dazu, Blut von Kohlendioxid zu befreien und mit Sauerstoff zu versorgen.

Es gibt zwei Hauptbestandteile des Blutes: Zum einen die Blutflüssigkeit, die man Plasma nennt. Der andere Teil besteht aus den weißen und roten Blutkörperchen sowie den Blutplättchen.

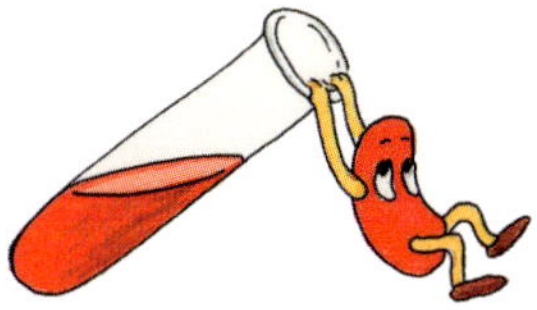

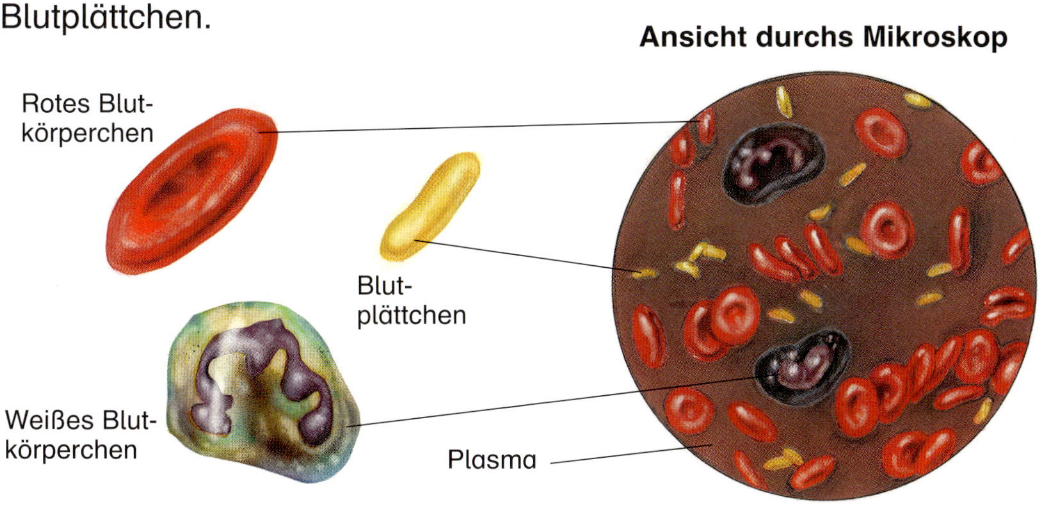

Die Adern sind die Blutgefäße des Körpers. Es gibt drei Arten: Arterien bringen frisches Blut vom Herzen zu den Organen. Venen führen das verbrauchte Blut wieder zum Herzen zurück. Kapillar- oder Haargefäße besitzen hauchdünne Wände, sodass Nähr- und Abfallstoffe durch sie dringen können. So findet der Stoffwechsel zwischen Blut und Gewebe statt.

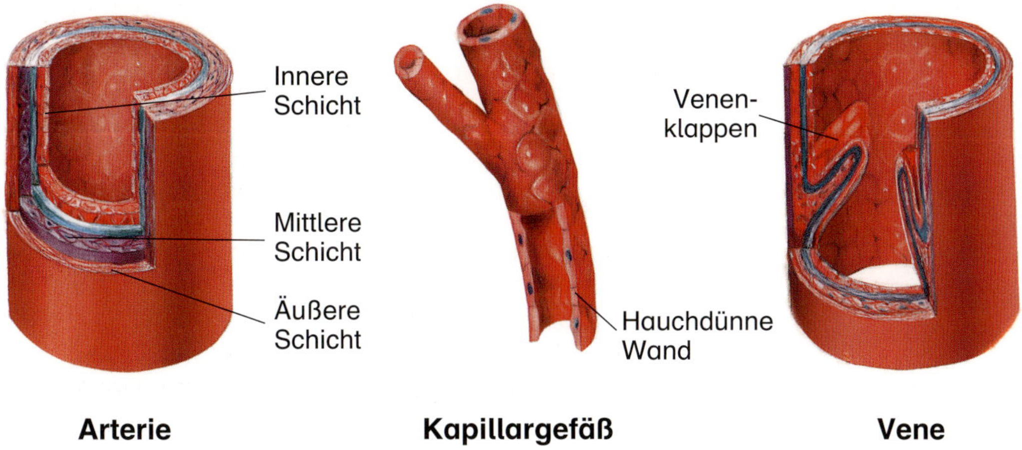

Wie wehrt das Blut Krankheiten ab?

Die weißen Blutkörperchen sind die Körperpolizei. Sie schützen uns vor Krankheiten, indem sie eingedrungene Keime bekämpfen. Es gibt verschiedene Arten von weißen Blutkörperchen. Manche sind Fresszellen, die Krankheitserreger vernichten. Andere bilden Antikörper, die Eindringlinge angreifen und unschädlich machen. Es gibt viel weniger weiße als rote Blutkörperchen im Blut.

1. Ein weißes Blutkörperchen erkennt einen feindlichen Eindringling.

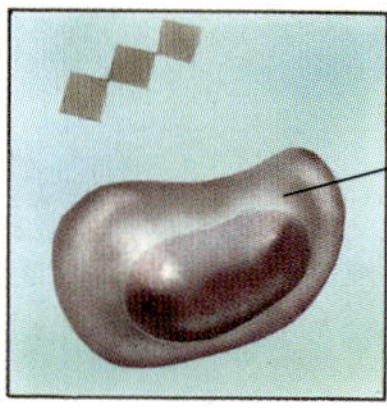

Diese Art von weißen Blutkörperchen nennt man Lymphozyten.

2. Das weiße Blutkörperchen bildet Antikörper.

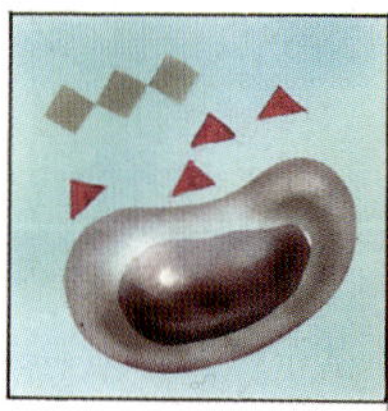

3. Die Antikörper greifen den Eindringling an.

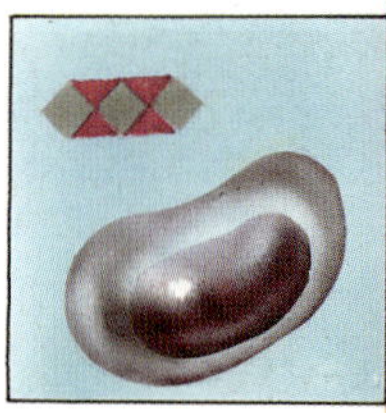

4. Andere weiße Blutkörperchen räumen nach dem Kampf auf und verschlingen die Überreste.

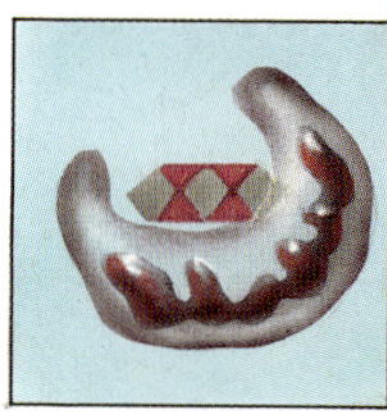

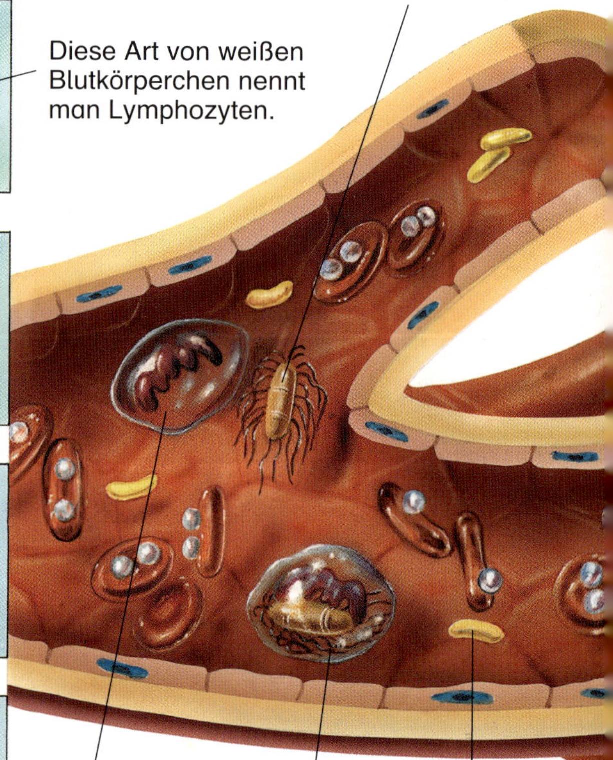

Blutplättchen sind durch Abschnürung entstandene Bruchstücke größerer Zellen aus dem Knochenmark. Sie helfen bei der Blutgerinnung. Das ist eine Verdickung des Blutes. Wenn durch eine Verletzung eine Ader platzt, wird so der Blutverlust gestoppt.

Die Blutplättchen lagern sich an eine Wunde. Zugleich werden im Blutplasma Stoffe frei, die ein Fibrin-Netz um die Wunde legen. Es wirkt wie ein Pfropf, der die Blutung stoppt und verhindert, dass Krankheitskeime eindringen. Wenn der Schorf später abfällt, ist die Wunde verheilt.

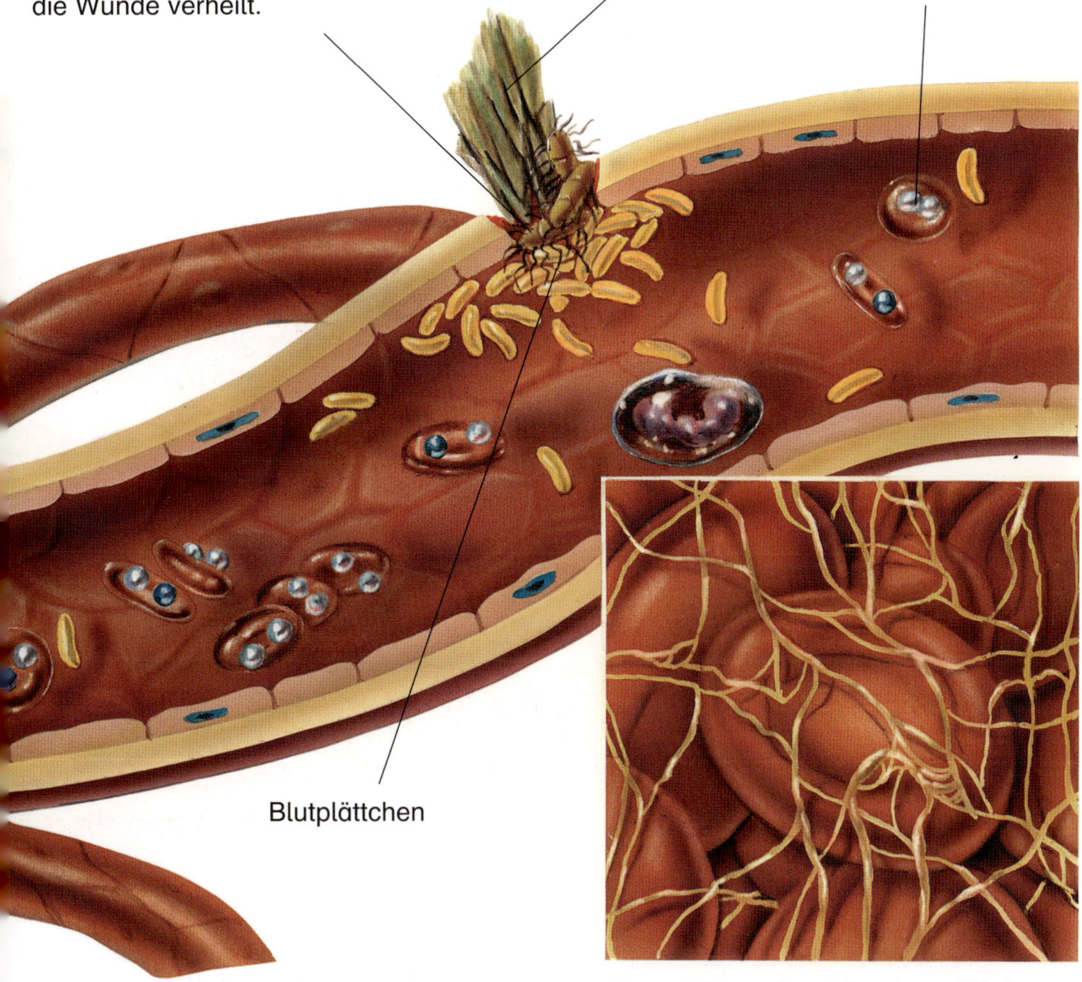

Vergrößerte Ansicht eines Fibrin-Netzes, in dem sich rote Blutkörperchen verfangen haben.

Wie funktioniert das Herz?

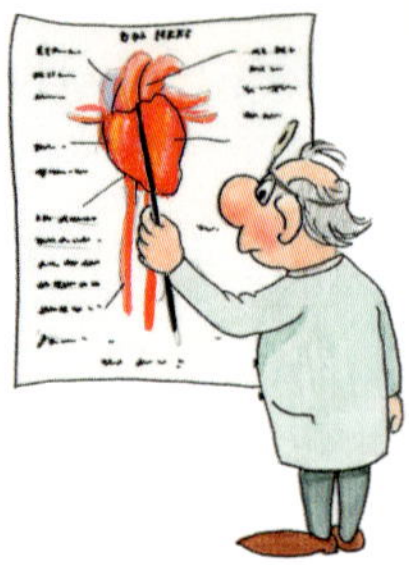

Das Herz ist eine Muskelpumpe und hat etwa die Größe einer Faust. Es besteht aus zwei Hälften. Die rechte Hälfte pumpt das Blut in die Lungen, wo es Sauerstoff aufnimmt. Die linke Hälfte pumpt das sauerstoffhaltige Blut durch den Körper. Beide Herzhälften sind in je zwei Kammern unterteilt. Dort befinden sich Klappen, die sich öffnen und schließen, um das Blut durchzulassen. Das Herz arbeitet automatisch und ohne unser Zutun.

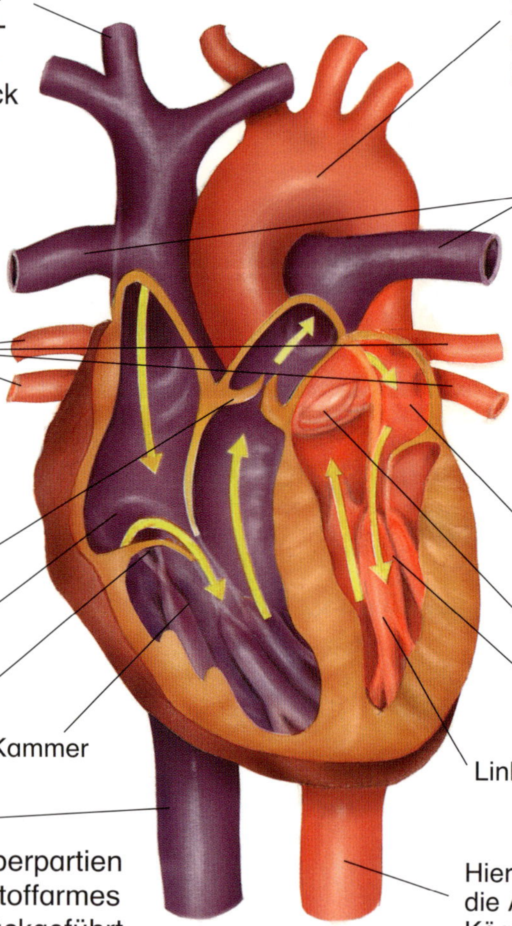

Das Geräusch des Herzschlages entsteht durch das Öffnen und Schließen der Herzklappen. Das regelmäßige Schlagen erzeugt eine Druckwelle, die sich in den Adern fortsetzt. Das nennt man Puls. Im Allgemeinen schlägt das Herz etwa 70-mal in der Minute, und das unaufhörlich – ein ganzes Leben lang.

Alter	Pulsschläge/Minute
0	135
1	120
5	95
10	85
ab 25	75

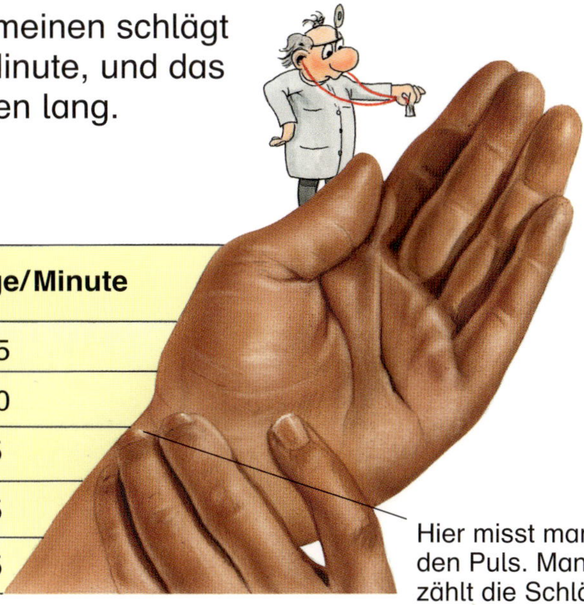

Hier misst man den Puls. Man zählt die Schläge der Arterien pro Minute.

Die Pumpbewegungen des Herzes sind so stark, dass jede Blutzelle für ihren Weg durch den gesamten Körper nur eine Minute braucht. An einem Tag kann das Herz fast 10 000 Liter durch den Körper pumpen. Das ist so viel, wie in einen Tankwagen passt.

Pumpleistung des Herzes

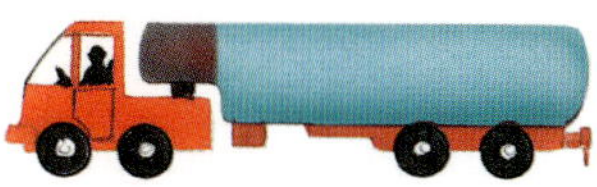

Nach einer Stunde

Nach 16 Stunden

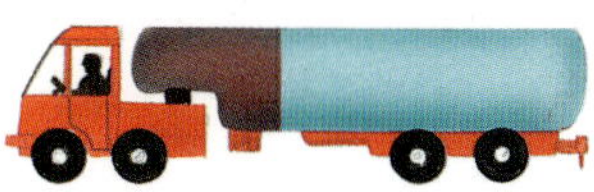

Nach 8 Stunden

Nach 24 Stunden

Wenn man Sport treibt, benötigen die Muskeln mehr Sauerstoff. Daher pumpt das Herz dann schneller.

Warum haben wir eine Haut?

Die Haut ist eine wasserdichte, elastische Hülle, die den Körper nach außen schützt, Krankheitserreger fernhält und die Körpertemperatur regelt. Sie besteht aus drei Schichten, von denen jede eine besondere Aufgabe erfüllt. Die Haut ist das größte Organ des Körpers und wiegt etwa vier Kilogramm.

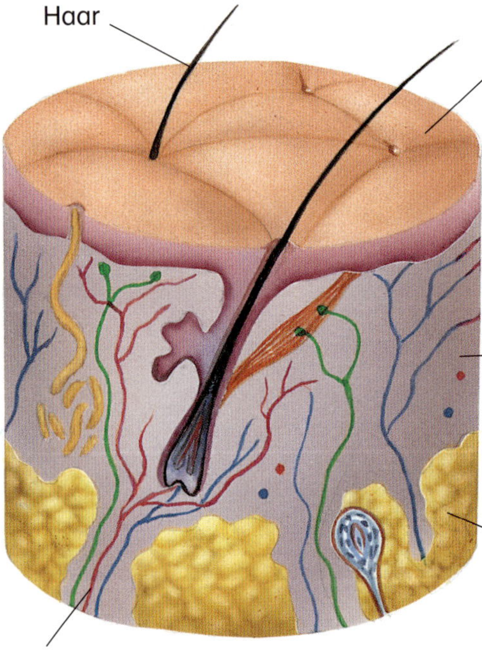

Oberhaut

Sie besteht aus abgestorbenen Zellen, die eine wasserabstoßende Schutzschicht bilden. Auf ihrer Unterseite entstehen ständig neue Zellen und wandern nach oben. Alte Zellen werden alle 3–4 Wochen abgestoßen.

Lederhaut

Sie enthält Nerven, Sinnesrezeptoren für Druck und Temperatur, Blutgefäße, Haarwurzeln sowie Schweiß- und Talgdrüsen.

Unterhaut

Sie besteht aus Fettgewebe, das zur Wärmeisolierung beiträgt und als Energiespeicher dient.

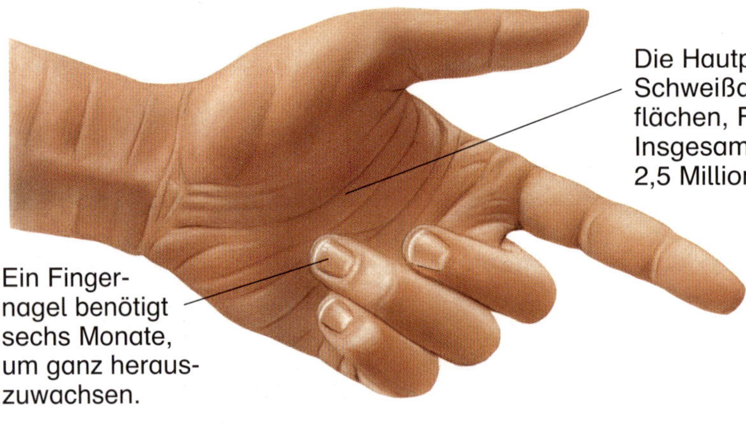

Die Hautpartien mit den meisten Schweißdrüsen sind Handinnenflächen, Fußsohlen und Stirn. Insgesamt hat der Körper 2,5 Millionen Schweißdrüsen.

Ein Fingernagel benötigt sechs Monate, um ganz herauszuwachsen.

Die Haut enthält einen Farbstoff, den man Melanin nennt. Je mehr sie davon besitzt, desto dunkler wird sie. Melanin schützt die Haut vor schädlichen ultravioletten Sonnenstrahlen. In heißen Gegenden produziert die Haut mehr Melanin, deshalb haben die Menschen dort eine dunklere Haut.

Haare und Nägel werden von der Haut produziert. Ein Haar besteht aus der Haarwurzel und dem Haarschaft. Die Wurzel sitzt in der Lederhaut und ist von einer Hülle, dem Haarbalg, umgeben. Im Haarschaft sitzt das Pigment, das die Haarfarbe bestimmt. Ob Haare glatt oder gelockt sind, hängt von der Form des Haarbalges ab.

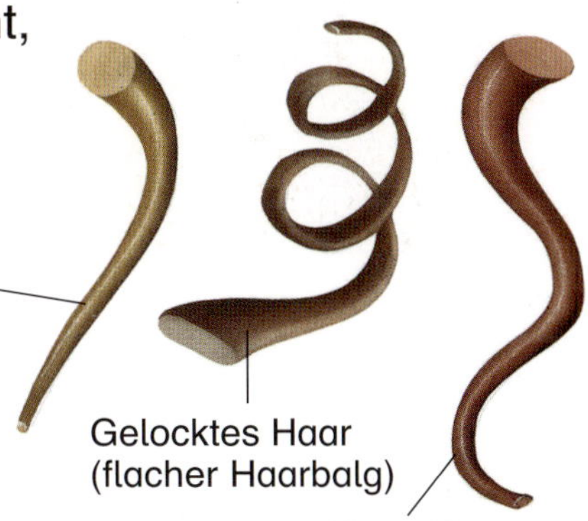

Wozu braucht der Mensch Zähne?

Ohne Zähne könnten wir keine Nahrung aufnehmen. Die unterschiedlichen Zahnformen ermöglichen es, die Speisen zu zerschneiden, zu zerkleinern und zu zermahlen. Speichel und Zunge helfen, einen Nahrungsbrei zu bilden, den man dann leicht schlucken kann. Die Zähne sind die Vorstufe unseres Verdauungssystems.

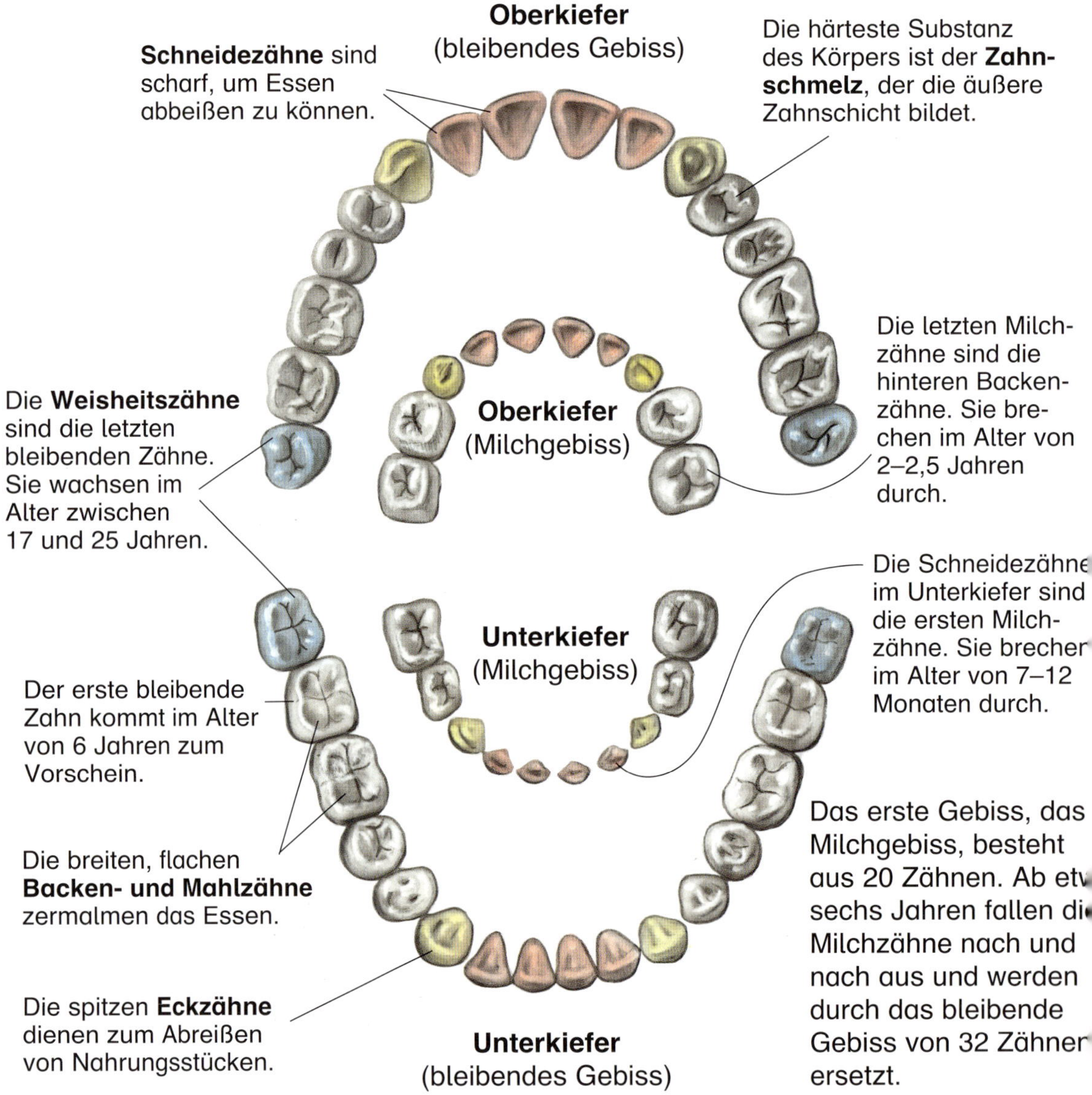

Das erste Gebiss, das Milchgebiss, besteht aus 20 Zähnen. Ab etwa sechs Jahren fallen die Milchzähne nach und nach aus und werden durch das bleibende Gebiss von 32 Zähnen ersetzt.

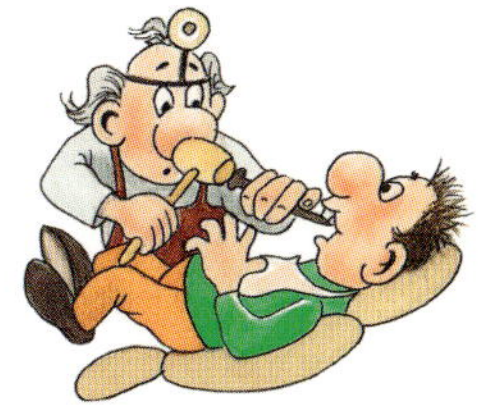

Den sichtbaren Teil eines Zahnes nennt man Zahnkrone. Sie besteht aus hartem Zahnschmelz, der das weichere Zahnbein umhüllt. Im Zahnfleisch steckt die Zahnwurzel, die im Kiefer verankert ist. In ihrem Inneren befindet sich das Zahnmark mit seinen Nerven und Blutgefäßen.

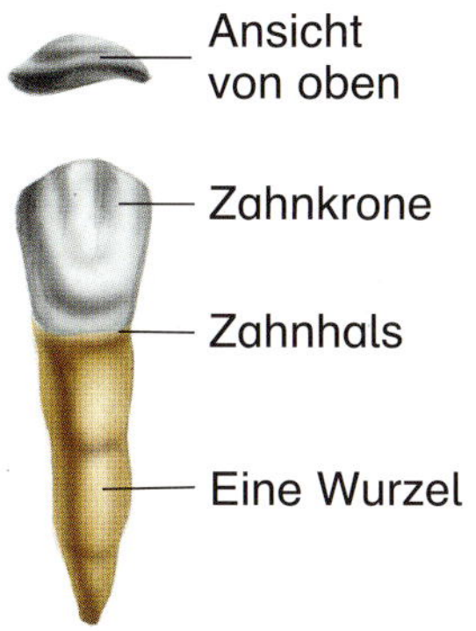

Schneidezahn

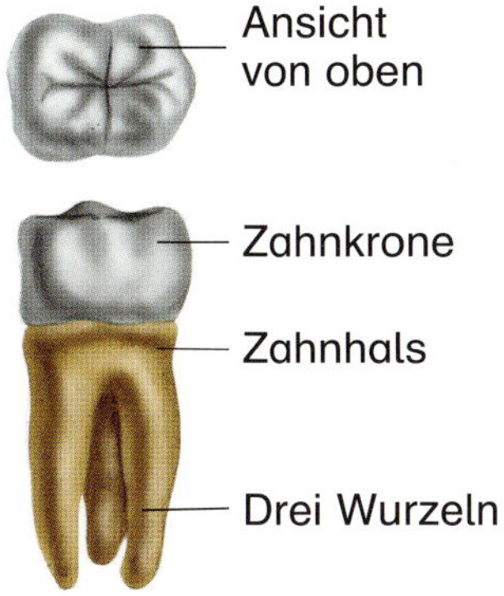

Backenzahn

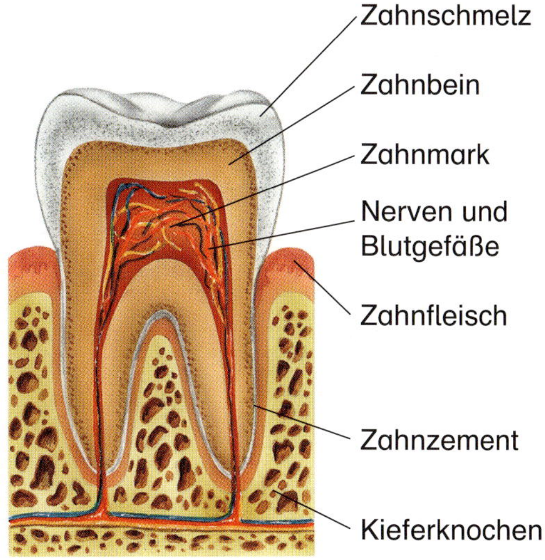

Nahrungsreste setzen sich an den Zähnen fest. Sie zersetzen sich und würden nach und nach die Zähne zerstören. Deshalb müssen die Zähne regelmäßig mit Zahnbürste und Zahnseide gepflegt werden.

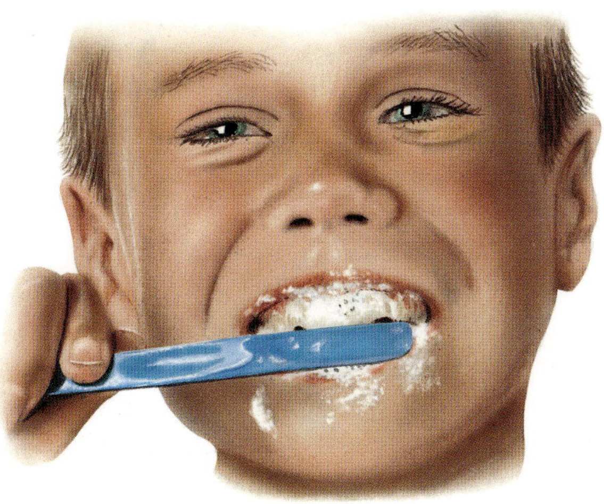

In Kreisbewegungen vom Zahnfleisch zum Zahn hin putzen.

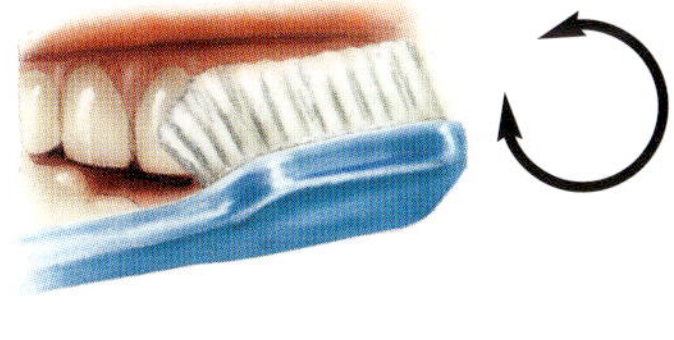

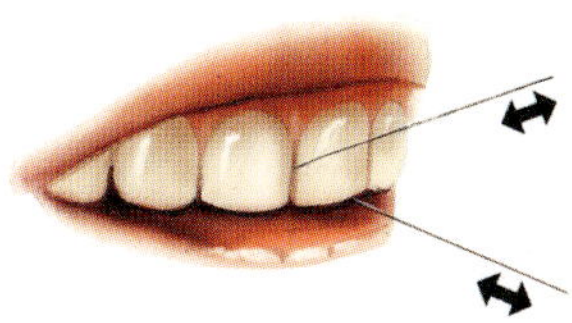

Die Zahnzwischenräume reinigt man mit Zahnseide.

Was geschieht bei der Verdauung?

Der menschliche Körper muss Nahrung zu sich nehmen, weil er Energie benötigt, um funktionieren zu können. Damit er die Nahrung verwerten kann, muss sie zunächst zerkleinert, verdaut und in ihre chemischen Bestandteile zerlegt werden. Dazu wandert die Nahrung durch den Verdauungsapparat, der sich vom Mund bis zum After erstreckt.

Die Verdauungszeit einer durchschnittlichen Mahlzeit beträgt etwa 24–36 Stunden.

1. Mund

Hier wird die Nahrung zerkaut und mit Speichel durchsetzt.

Leber, Bauchspeicheldrüse und Gallenblase produzieren Verdauungssäfte zur Aufspaltung der Nahrung.

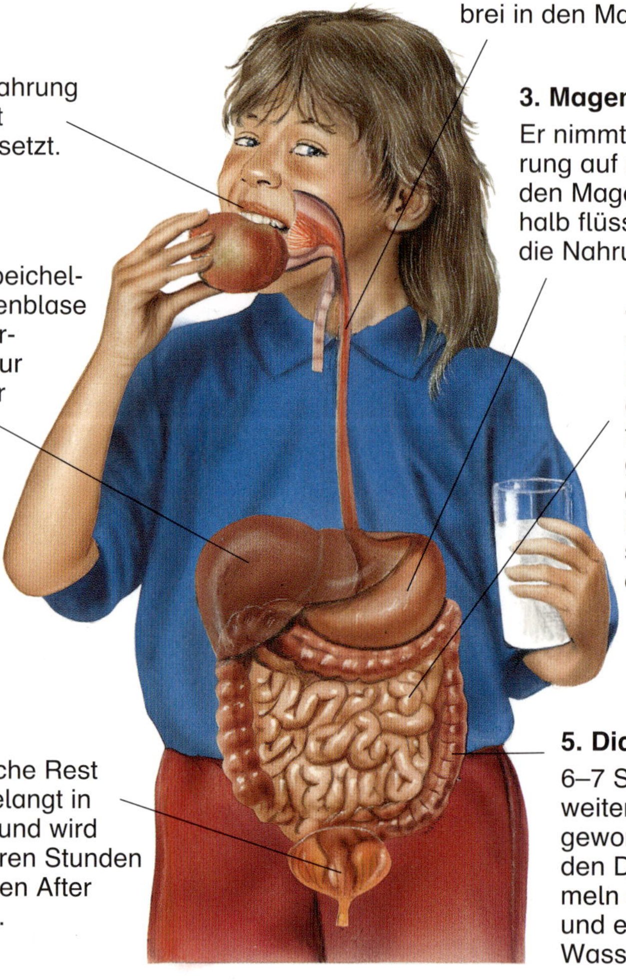

2. Speiseröhre

Die Speiseröhre verbindet den Rachen mit dem Magen. Sie ist ein Muskelschlauch, der den Speisebrei in den Magen befördert.

3. Magen

Er nimmt die zerkleinerte Nahrung auf und versetzt sie mit den Magensäften zu einem halb flüssigen Brei. Hier bleibt die Nahrung einige Stunden.

4. Dünndarm

Vom Magen aus gelangt die Nahrung in den Dünndarm. Hier finden die vollständige Verdauung und die Überführung der Nährstoffe ins Blut statt. Das dauert etwa sechs Stunden.

5. Dickdarm

6–7 Stunden dauert die weitere Reise des flüssig gewordenen Breis durch den Dickdarm. Hier sammeln sich die Abfallstoffe, und es wird ihnen das Wasser entzogen.

6. Mastdarm

Der unverdauliche Rest der Nahrung gelangt in den Mastdarm und wird nach 6–7 weiteren Stunden als Kot durch den After ausgeschieden.

Lebensmittel werden in Nährstoffgruppen eingeteilt. Hauptgruppen sind Eiweiße, Fette und Kohlenhydrate sowie Vitamine und Minerale. Fette und Kohlenhydrate liefern Energie. Vitamine erhalten den Körper gesund, und Eiweiße sorgen für den Zellaufbau.

Proteine und Eiweiße
(Fisch und Fleisch)

Vitamine und Minerale
(Obst und Gemüse)

Kohlenhydrate
(Getreideprodukte)

Fette
(Milchprodukte und Nüsse)

Die Energiemenge, die ein Nahrungsmittel liefert, misst man in Kalorien oder Joule. Ein Erwachsener benötigt zwischen 2 500–3 000 Kilokalorien am Tag oder etwa 10 000 Kilojoule. Bei körperlichen Anstrengungen ist der Energieverbrauch größer.

Beim Spazierengehen sind etwa 1 000 Kilojoule in der Stunde nötig.

Bei sitzender Beschäftigung verbraucht man etwa 350 Kilojoule in der Stunde.

Beim Sport braucht man etwa 2 300 Kilojoule in der Stunde.

Was gehört zum Ausscheidungssystem?

Die Ausscheidung schädlicher Stoffe aus dem Körper erfolgt auf verschiedene Weise: über die Atmung, den Schweiß, den Urin und den Kot. Für den Urin steht das Harnsystem zur Verfügung: der eigentliche Ausscheidungsapparat. Es besteht aus den Nieren, den Harnleitern, der Blase und der Harnröhre.

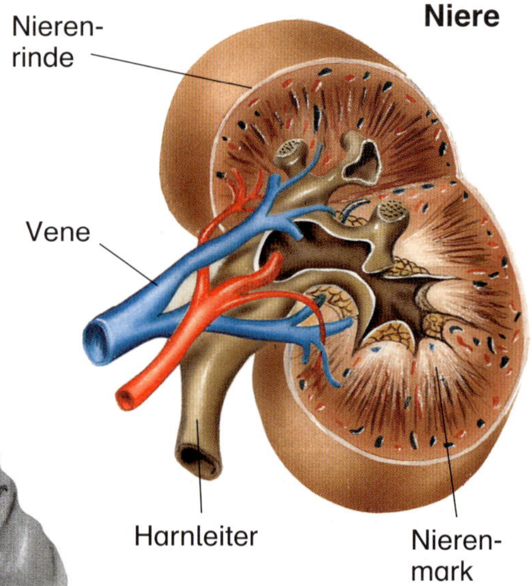

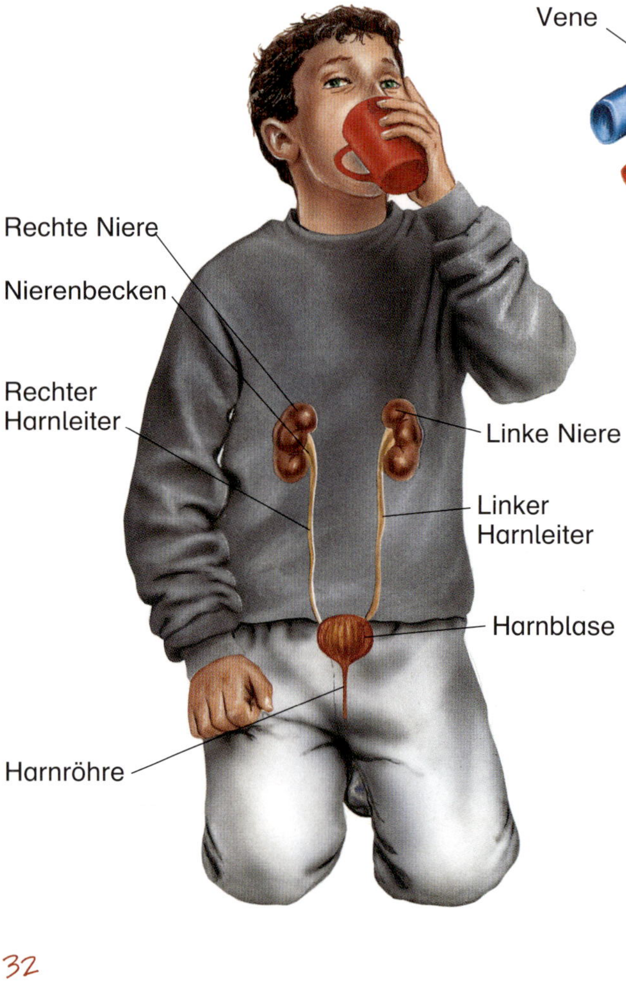

Die Nieren sind Hochleistungsfilter. Sie filtern alle fünf Minuten das gesamte Blut und halten Wasser und Schadstoffe zurück. Daraus bilden sie den Urin, mit dem die Schadstoffe durch die Harnleiter in die Blase gelangen. Hier wird der Urin gesammelt und über die Harnröhre ausgeschieden.

Die Leber ist an der Verdauung beteiligt, erfüllt aber auch Aufgaben bei der Ausscheidung und Entgiftung. Sie ist das wichtigste Stoffwechselorgan. Zusammen mit der Gallenblase ist sie die biochemische Fabrik des Körpers.

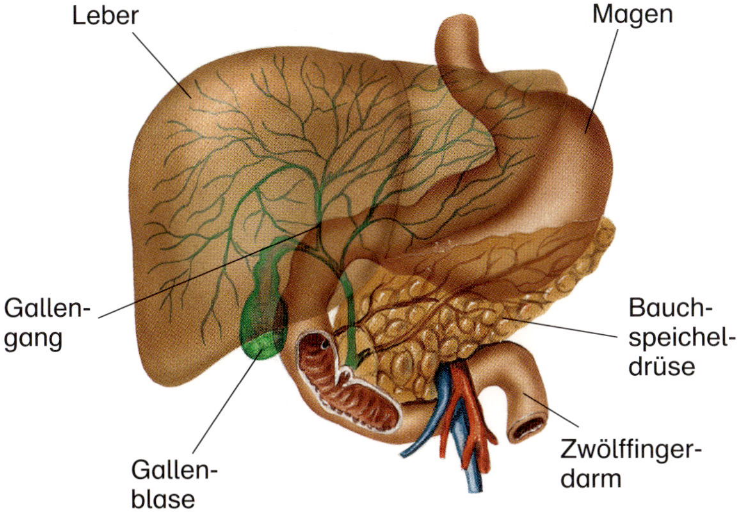

Die Leber übernimmt die gelösten Nährstoffe aus dem Blut, speichert nützliche Bestandteile und Vitamine und zieht die chemischen Abfallstoffe heraus. Die Abfälle gelangen mit dem von der Leber produzierten Gallensaft in die Gallenblase. Diese Flüssigkeit dient auch als Fettlöser. Es gibt mehr als 500 Funktionen, die die Leber erfüllt.

Auch die Haut sondert Abfallprodukte des Körpers ab. Mit ihren Schweißdrüsen sorgt sie dafür, dass überflüssiges Wasser und bestimmte Salze ausgeschieden werden. Der Schweiß verdunstet auf der Haut und kühlt so den Körper.

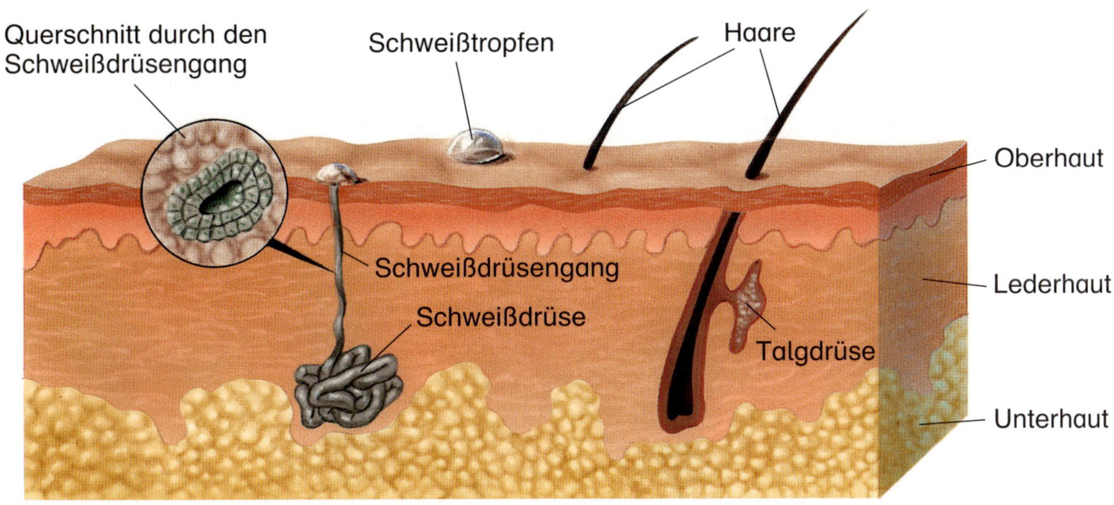

Welche Aufgabe hat die Lunge?

Beim Einatmen strömt Luft durch den Mund, die Nase und die Luftröhre in die Lunge. Über die Bronchien und die Bronchiolen, das sind viele kleine Verästelungen, erreicht sie schließlich die Lungenbläschen. Hier wechselt der Sauerstoff der Luft in das Blut über und gelangt mit ihm in den ganzen Körper. Gleichzeitig wird dem Blut Kohlendioxid entzogen und mit der Luft ausgeatmet.

a) Einatmen

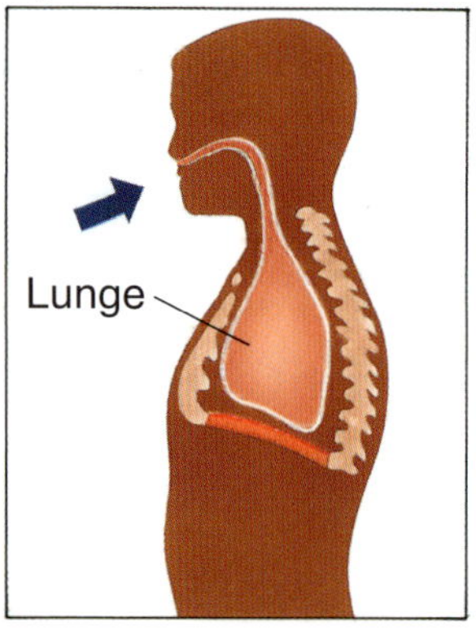

b) Ausatmen

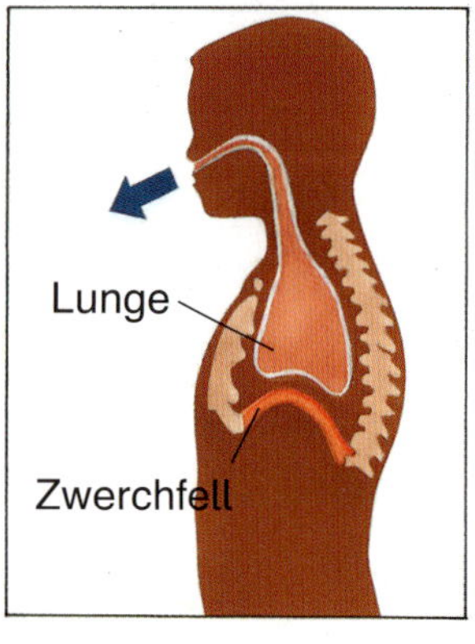

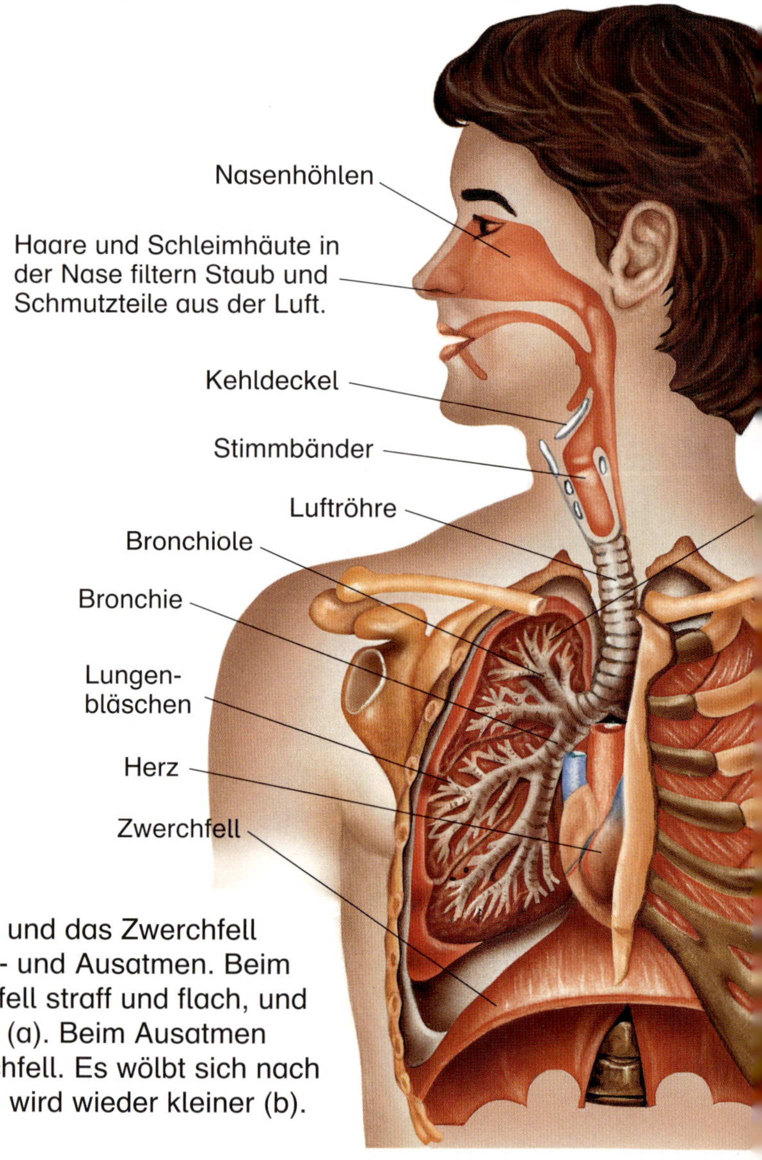

Die Brustkorbmuskulatur und das Zwerchfell ermöglichen uns das Ein- und Ausatmen. Beim Einatmen ist das Zwerchfell straff und flach, und der Brustkorb weitet sich (a). Beim Ausatmen enspannt sich das Zwerchfell. Es wölbt sich nach oben, und der Brustraum wird wieder kleiner (b).

Wenn man die innere Oberfläche der Lunge auffalten würde, ergäbe sich eine Fläche von etwa 70 Quadratmetern. Damit könnte man mehr als einen halben Tennisplatz bedecken. In jedem Lungenflügel befinden sich rund 300 Millionen mikroskopisch kleine Lungenbläschen, die wie Trauben an winzigen Röhren, den Bronchiolen, hängen.

Bronchiolen

Am Ende der Bronchiolen befinden sich winzige Luftsäckchen: die Lungenbläschen.

Lungenbläschen

Die Lungenbläschen haben sehr dünne Wände. Sie sind nur 0,0001 Millimeter dick. Deshalb kann der Sauerstoff durch die Wände hindurch in das Blut abgegeben und gleichzeitig Kohlendioxid aus dem Blut aufgenommen werden.

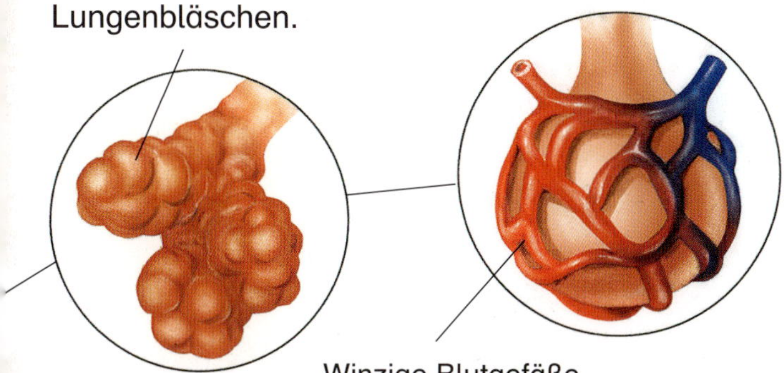

Winzige Blutgefäße (Kapillaren)

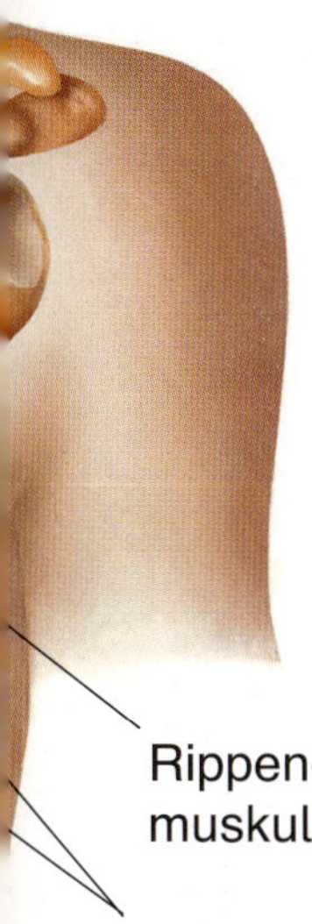

Kleiner Lungenkreislauf

Im kleinen Lungenkreislauf sind Herz und Lunge miteinander verbunden. Zur Lunge strömt sauerstoffarmes, zum Herz sauerstoffreiches Blut.

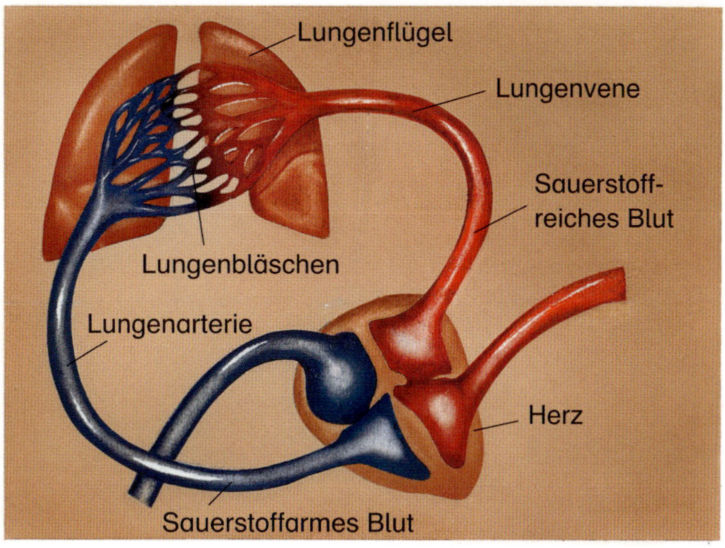

Was sind die Sinnesorgane?

Die Außenwelt nehmen wir mit unseren Sinnesorganen wahr: mit Augen und Ohren, der Nase, der Zunge und der Haut. Jedes dieser Sinnesorgane besitzt so genannte Reizempfänger oder Rezeptoren. Wenn ein Reiz, wie etwa ein Lichtstrahl oder eine Schallwelle, auf die Rezeptoren trifft, leiten ihn diese über die sensiblen Nerven an das Gehirn weiter. Es ordnet die Informationen und verarbeitet sie. So können wir sehen, hören, riechen, schmecken und fühlen.

Riechen

Tasten

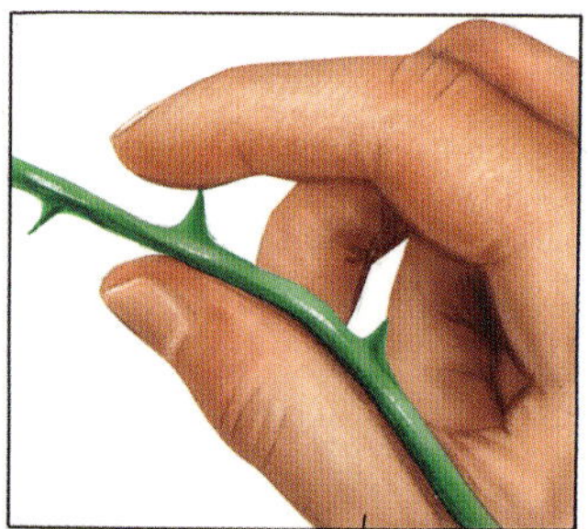

Hören

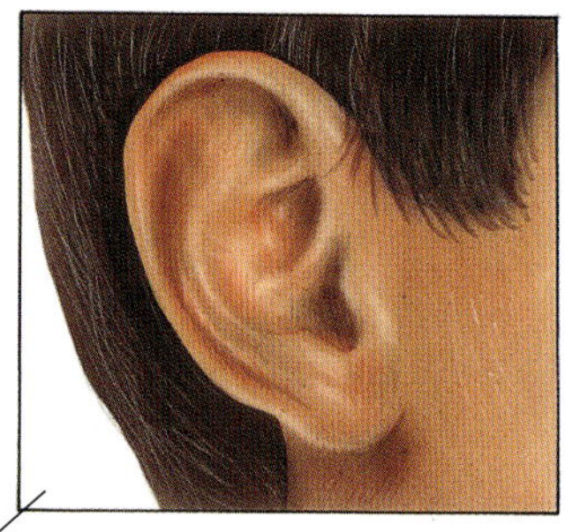

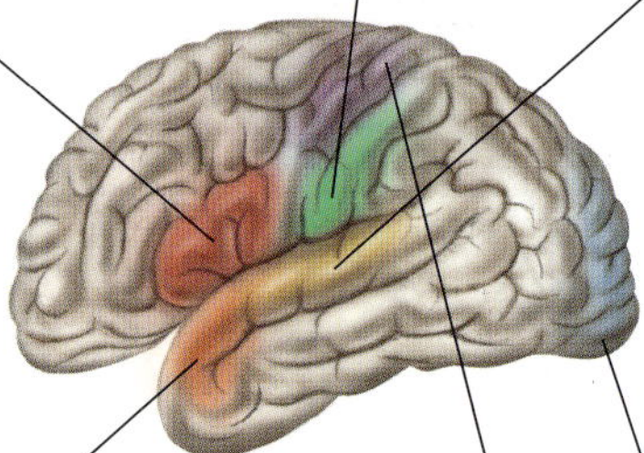

Sinneszentren im Gehirn

Die Reizinformationen der Sinnesorgane werden über Nervenfasern ins Gehirn transportiert. Jeder Sinn hat dort sein eigenes Verarbeitungszentrum.

Nicht alle Sinne sind gleich gut ausgebildet. So können wir beispielsweise sehr viel besser riechen als schmecken.

Schmecken

Bewegen

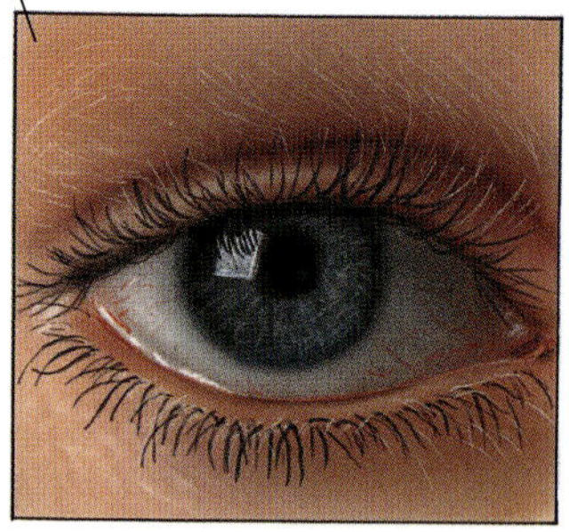

Sehen

● Tastrezeptoren findet man in den verschiedenen Hautschichten. Sie leiten Informationen über Wärme und Kälte, über Berührungsreize, Druck und Schmerz an das Gehirn weiter. In der empfindsamen Haut der Fingerkuppen oder der Zungenspitze treten sie gehäuft auf.

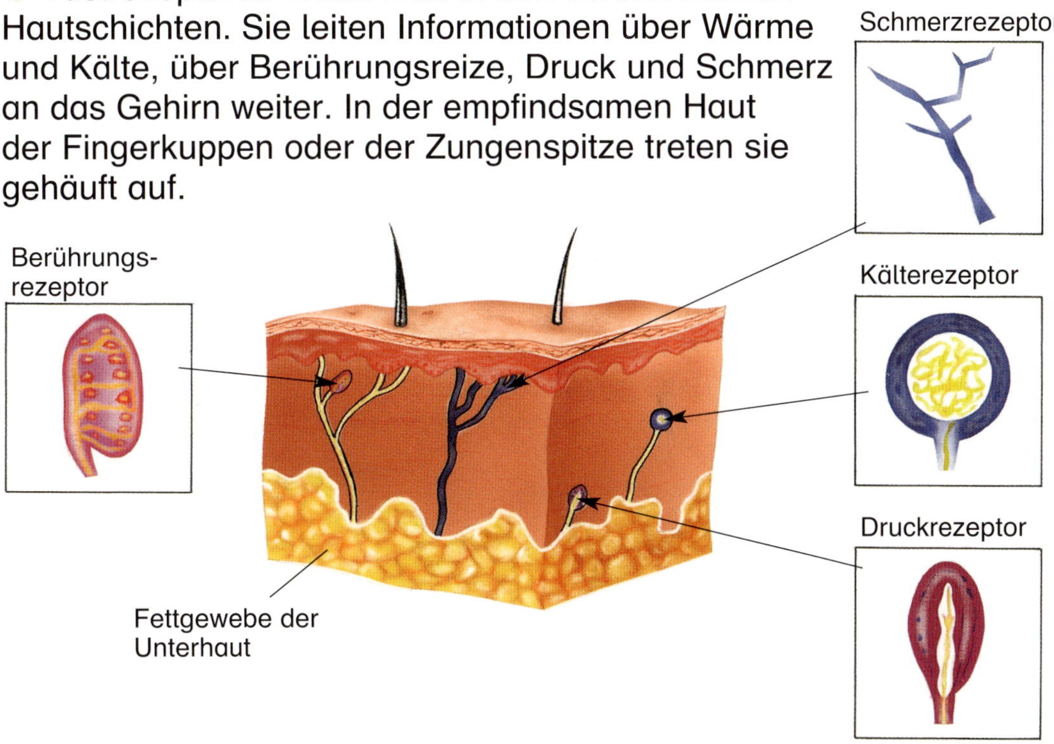

● So sehen wir mit unseren Augen: Durch die Pupille gelangen Lichtstrahlen ins Auge. Die Linse bricht sie und wirft ein Bild auf die Netzhaut. Diese enthält Millionen lichtempfindlicher Rezeptoren: Stäbchen unterscheiden hell und dunkel, Zäpfchen nehmen Farben wahr. Diese Rezeptoren wandeln das Bild in elektrische Impule um und leiten sie über den Sehnerv an das Sehzentrum des Gehirns.

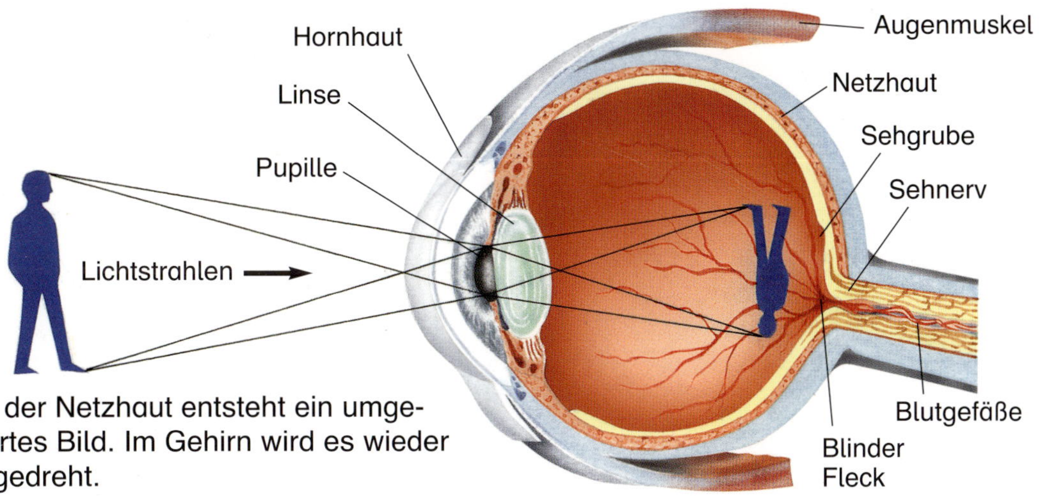

Auf der Netzhaut entsteht ein umgekehrtes Bild. Im Gehirn wird es wieder umgedreht.

Wo liegt der größte Teil des Ohrs?

Die wichtigsten Organe des Ohrs liegen geschützt im Schädelinneren. Die Ohrmuschel ist nur der sichtbare äußere Teil des Ohrs. Sie fängt die Schallwellen auf und leitet sie in den Gehörgang. Ohrmuschel und Gehörgang bilden zusammen das äußere Ohr. Weitere Bereiche des Ohrs sind das Mittelohr, bestehend aus Trommelfell und den Gehörknöchelchen, und das Innenohr. Es wird von der Schnecke und dem Labyrinth gebildet.

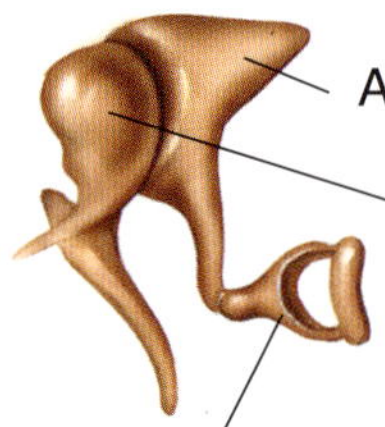

Der Steigbügel ist mit einer Länge von drei Millimetern de
kleinste Knochen des mensch
lichen Körpers.

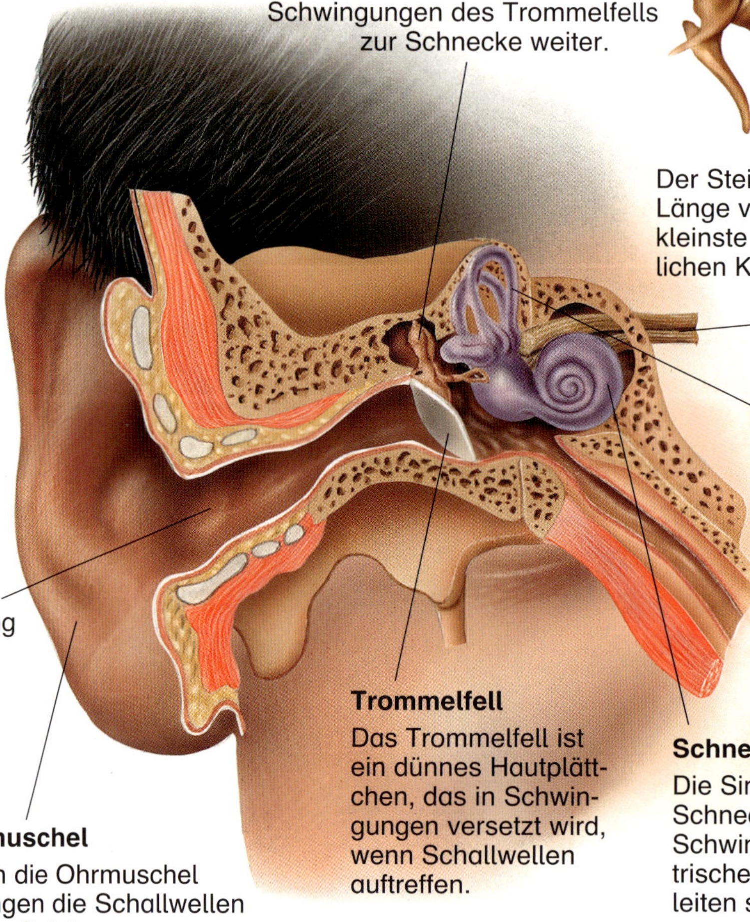

Gehörknöchelchen

Hammer, Amboss und Steigbügel, drei winzige Knöchelchen, leiten die Schwingungen des Trommelfells zur Schnecke weiter.

Ohrmuschel

Durch die Ohrmuschel gelangen die Schallwellen in den Gehörgang.

Trommelfell

Das Trommelfell ist ein dünnes Hautplättchen, das in Schwingungen versetzt wird, wenn Schallwellen auftreffen.

Schnecke

Die Sinneszellen der Schnecke wandeln die Schwingungen in elektrische Signale um und leiten sie über den Hörnerv an das Gehirn.

Manchmal wird die Nase scherzhaft auch als Riechkolben bezeichnet. Es gibt tatsächlich einen Riechkolben, aber der sitzt oben an der Decke der Nasenhöhle. Er ist mit den Riechzellen verbunden und nimmt deren Impuls auf.

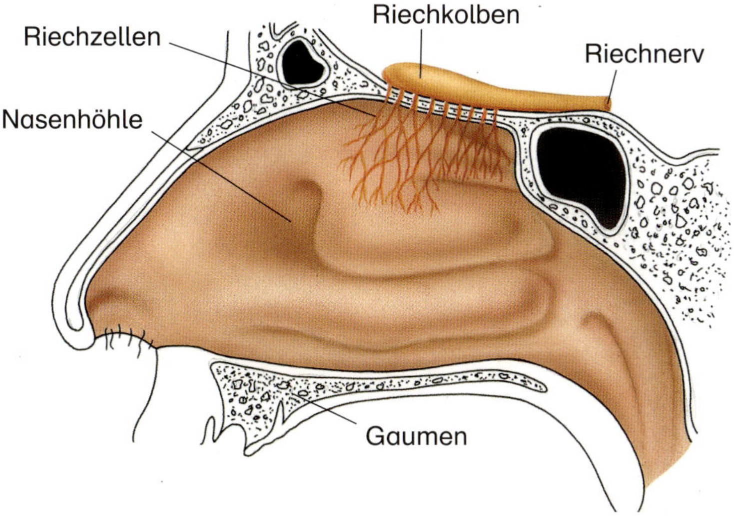

Beim Riechen muss die Luft tief in die Nase gesaugt werden. So gelangen Duftstoffe mit der Atemluft zu den Härchen der Riechzellen. Sie geben ihre Empfindungen über den Riechkolben und den Riechnerv an das Gehirn weiter.

Mit der Zunge können wir herausfinden, wie etwas schmeckt. Auf ihrer Oberseite befinden sich viele Papillen, unter denen die Geschmacksknospen liegen. Ihre Nervenzellen reagieren auf Geschmacksstoffe. Im Gehirn werden ihre Informationen mit denen der Riechzellen aus der Nase verknüpft. Bestimmte Zonen der Zunge sind jeweils nur für eine Geschmacksrichtung zuständig.

Zungenoberfläche im Querschnitt

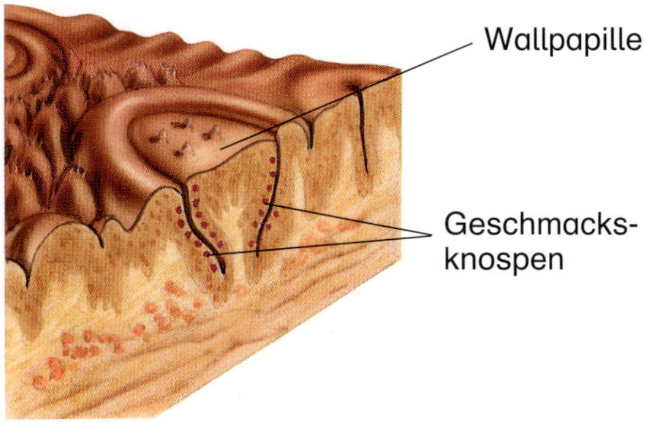

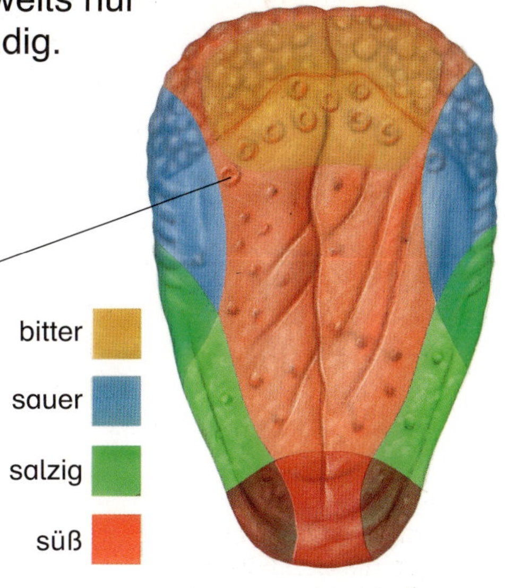

Geschmackszonen

Wie entsteht neues Leben?

Neues Leben entsteht, wenn eine weibliche Eizelle und eine männliche Samenzelle miteinander zu einer einzigen Zelle verschmelzen. Im Leib der Mutter teilt sich die befruchtete Zelle und bildet so immer wieder neue Zellen. Innerhalb von neun Monaten wächst auf diese Weise im Mutterleib ein neuer Mensch heran. Die Entstehung neuen Lebens nennt man Fortpflanzung.

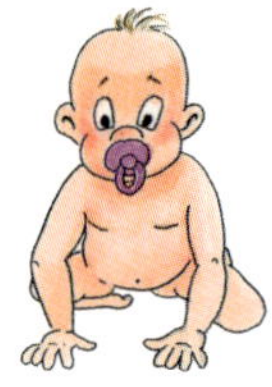

Männliche Geschlechtsorgane

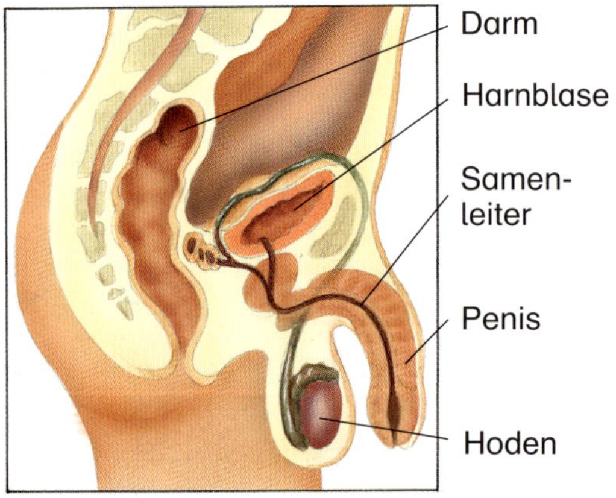

Weibliche Geschlechtsorgane

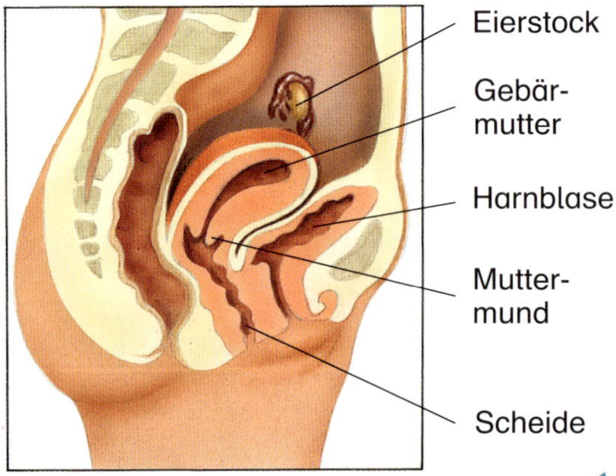

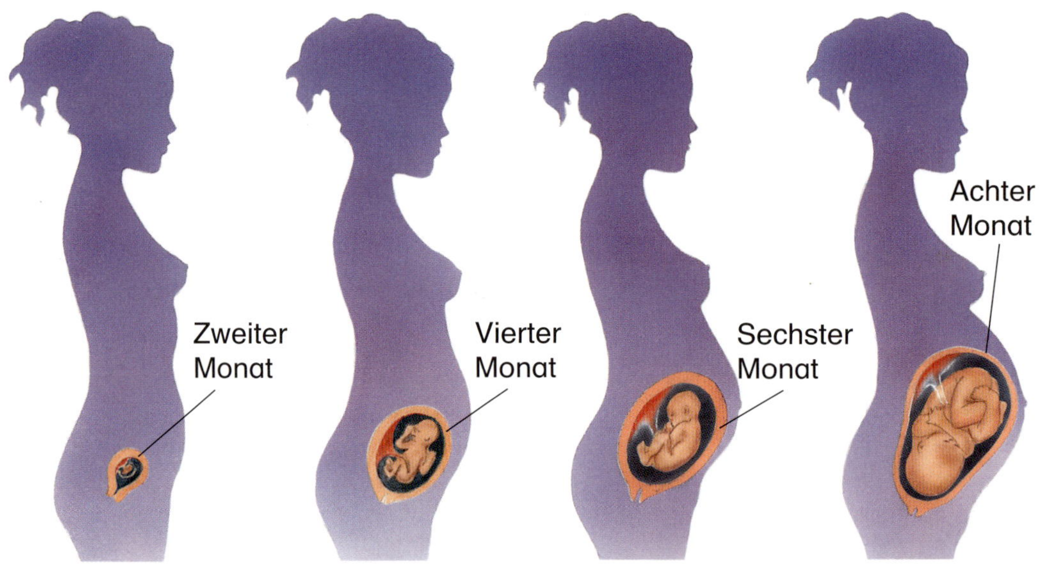

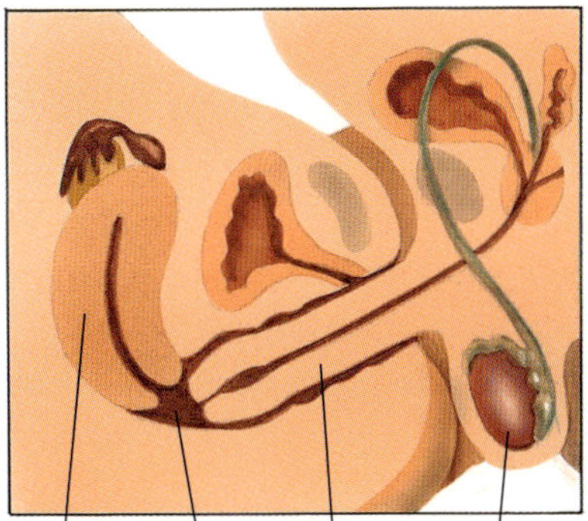

Befruchtung

Damit eine Befruchtung erfolgen kann, muss es zur geschlechtlichen Vereinigung von Mann und Frau kommen. Beim Geschlechtsverkehr schiebt der Mann sein Glied (Penis) in die Scheide (Vagina) der Frau. Mit der Samenflüssigkeit werden Samenzellen in die Scheide gespritzt. Diese wandern zur Eizelle der Frau. Nur eine einzige Samenzelle dringt in die Eizelle ein und befruchtet sie.

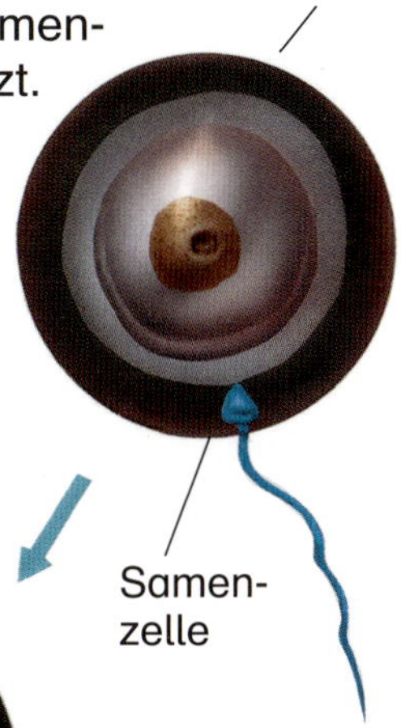

Innerhalb von 36 Stunden teilt sich das Ei in zwei Zellen. Während sich die Eizelle weiter teilt und ein winziger Zellhaufen entsteht, wandert sie durch den Eileiter zur Gebärmutter.

Nach vier Wochen sieht das Baby (Embryo) so aus.

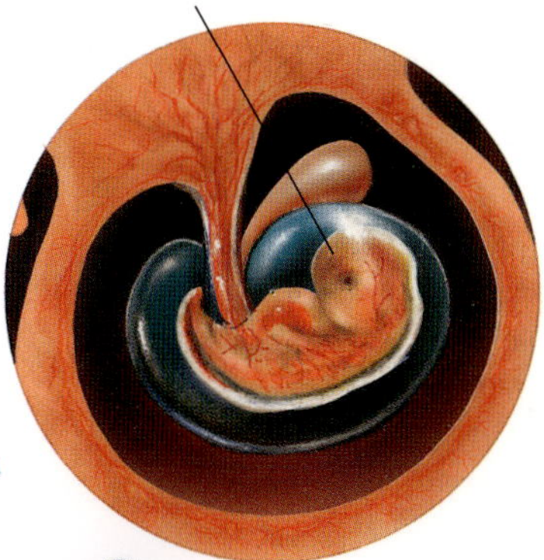

Am 6. oder 7. Tag nach der Befruchtung nistet sich die aus dem Zellhaufen entstandene Keimblase in der Gebärmutterwand ein. Sie wird nun von deren Blutgefäßen versorgt.

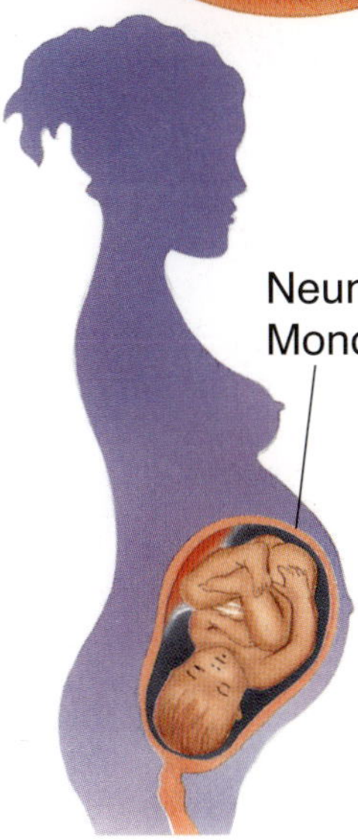

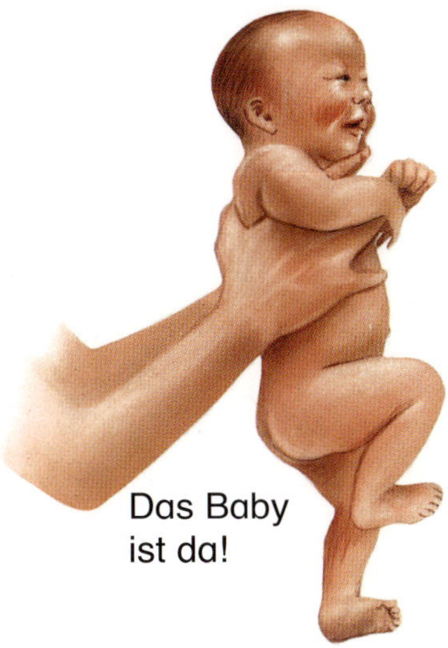

Geburt

Eine Weile vor der Geburt beginnen die Wehen: Die Gebärmuttermuskeln ziehen sich krampfartig zusammen. Etwa 6 – 12 Stunden nach dem Einsetzen der Wehen erfolgt die Geburt. Die Mutter presst mit den Bauchmuskeln, bis das Baby durch die Scheide gedrückt wird und das Licht der Welt erblickt.

Prüfe dein Wissen!

Zu den Bildern auf dieser Seite wird dir jeweils eine Frage gestellt. Wenn dir die Antwort nicht einfällt, dann suche im Buch einfach die abgebildete Illustration.

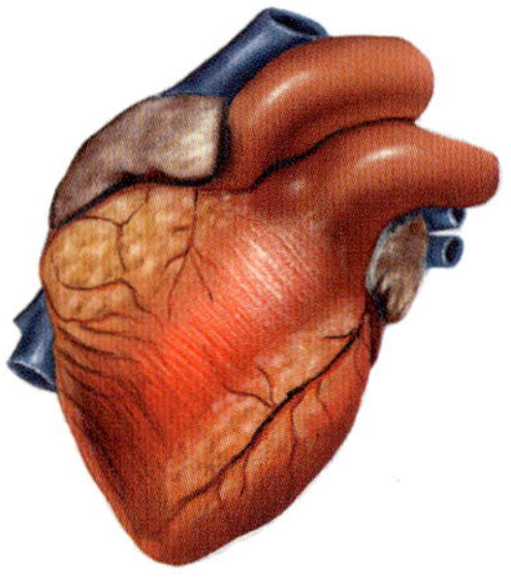

Welches Organ ist das?

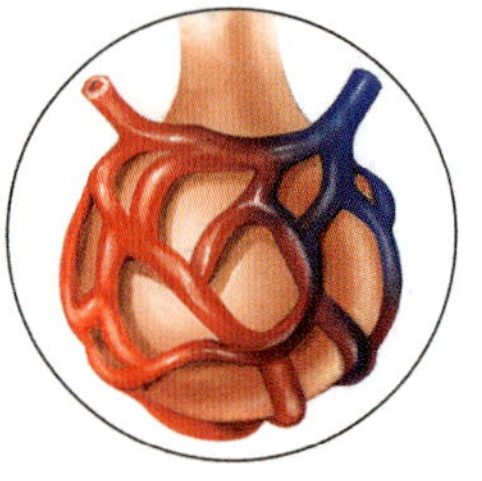

Wie dick ist seine Wand?

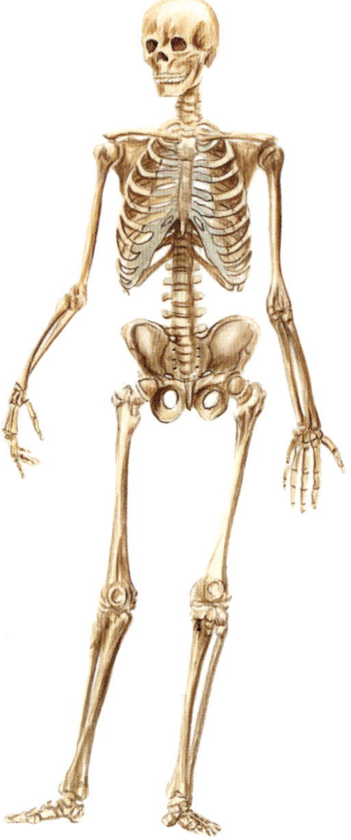

Wie viele Knochen hat das Skelett?

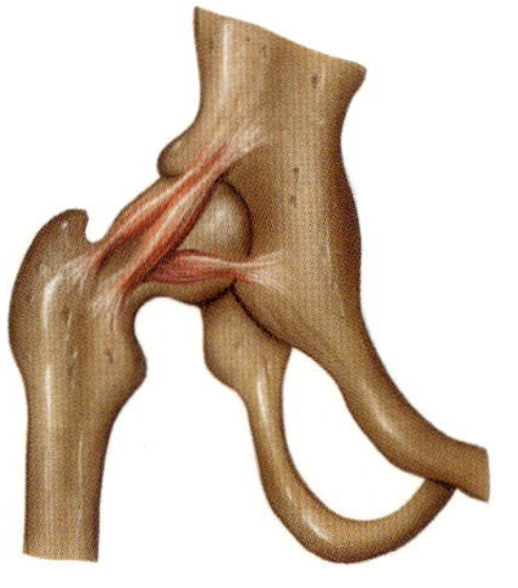

Wie nennt man diese Knochenverbindung?

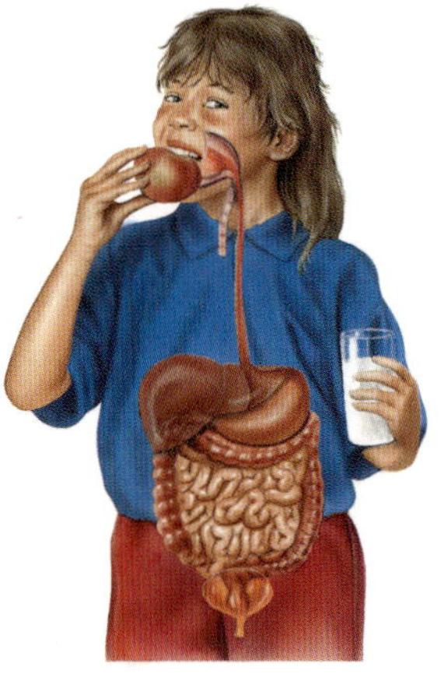

Wie heißt das Organsystem?

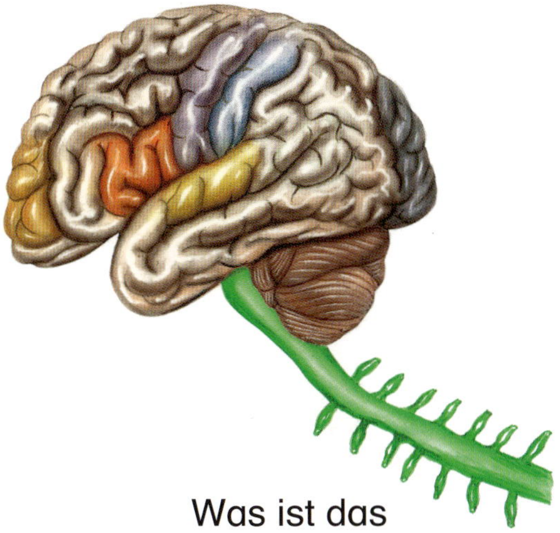

Was ist das
wichtigste Körperorgan?

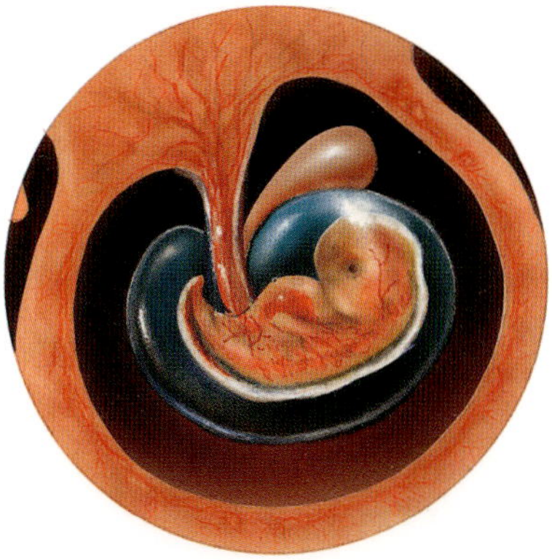

Wie alt ist das Baby?

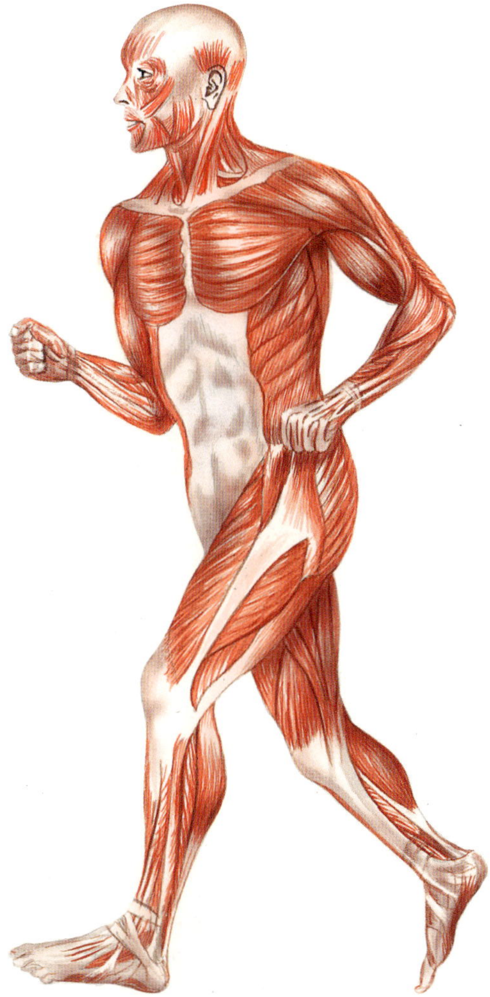

Wie viele Muskeln
hat der Körper?

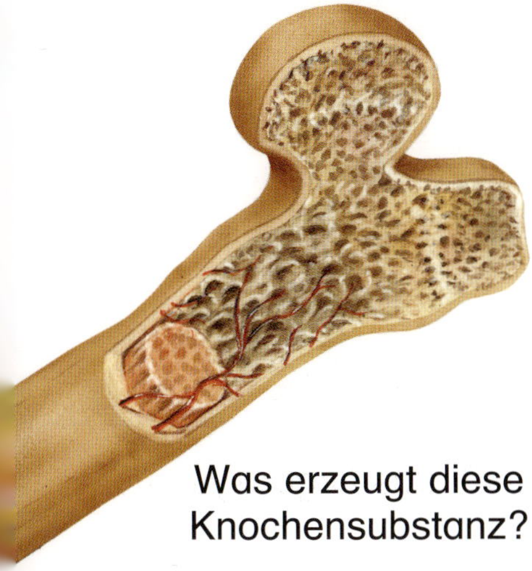

Was erzeugt diese
Knochensubstanz?

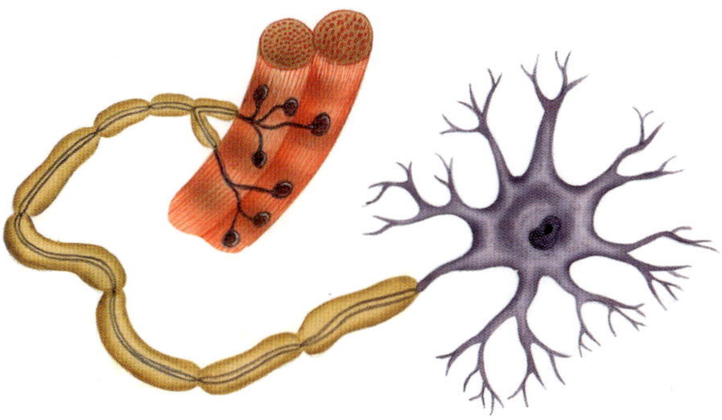

Welche Zelle ist das?

Register

FRAG MICH WAS!

Weitere Titel der Reihe:

- Eisenbahn
- Wilde Tiere
- Hunde
- Schiffe
- Lastwagen
- Feuerwehr
- Polizei
- Indianer
- Piraten
- Die Erde
- Pferde
- Vulkane
- Flugzeuge
- Autos
- Wale und Delfine

Loewe